爸爸的吉他

管碧玲的初衷

管碧玲 著

——獻給高雄的父老兄弟姊妹

二〇一二年十一月四日《工商時報》：『管碧玲對重大議題鍥而不捨，迫使政府「有感」。也就是這樣鍥而不捨的精神，管碧玲讓吵了多年，卻一直「穩如泰山」的軍公教年終慰問金制度，在社會要求公平正義下崩解，更進一步帶動輿論要求全面檢討社會保險制度的聲浪。』

二〇一四年九月二十五日《自由時報》：「管碧玲始終準備好最完整的資料，理直氣和，從容不迫地將訴求傳達給全國人民，成功扭轉錯誤的決策。」

目錄

第二章 **我的少女青春夢** 047

第三章 **根的聲音，在高雄呼喚** 085

第四章 **土地的靈魂**　117

第五章 公平與正義

推薦序

「政治作爲一種志業」的管家新典範

李登輝

韋伯（Max Weber）於一九一九年，在慕尼黑大學發表了一篇以〈政治作爲一種志業〉爲名的經典演說，內容提及「政治家」需具備三項特質：熱情、責任感、判斷力。近百年後，雖主客觀環境有顯著差異，然以此標準評量現代政治人物，依然公正、不偏不倚。

管碧玲立法委員這本著作，與一般政治人物出版品有別。她用相當多的篇幅辯證「我到底是誰？」以及品格與價值的思辨、探索。

對從小成長於傳統臺灣家庭，品學兼優，考試常名列前茅，黨國教育環境下的好孩子、好學生來說，自是國民黨亟欲招募的理想對象。管委員在十七歲時，高中二年級加入國民黨。更在蔣中正前總統過世當下，悲憤地前往弔唁、瞻仰遺容。然上大學後，一方面受到許陽明先生啓蒙，同時亦漸漸地發現，儘管國民黨當時創造了許許多多的論述，來辯護爲何無法實施與歐美國家一樣的民主與自由，但都無法掩飾長期一黨專政的事實。

一九九〇年三月爆發野百合學運時，夫婦倆抱著兩個女兒，下班後即前往參加靜坐，甚至過夜。夫婿許陽明先生時任《首都早報》副社長，利用社內印刷設備，協助廣場學生印製海報文宣。當時登輝是學生所批判的對象，但我認爲這些學生與群衆是有愛國心、有熱情跟理想的年輕人，經與五十三位學生代表對話，詳細聽完他們的主張，並答應學生的訴求後，加速臺灣民主化工作。

臺灣民主化之路，在各界人士犧牲奉獻，持續打拚下，已經第三次政黨輪替。每一個時代、每一個世代，都有需要解決的問題，以及期待的未來。領導者的責任與義務，就是要有堅守價值、聆聽民意、確立目標、整合意見、魄力執行，完成人民願景的使命感。

近幾年，南部各縣市首長都很打拚。面對著人才外移、經費短缺、法規落後的南北失衡嚴峻環境，仍然可以突破困境，尋求發展，大多已獲得老百姓的肯定。在外打拚的子弟，現在會以南部家鄉爲驕傲，自信地說出自己來自於哪一縣市，是哪裡人！

百年來，高雄從一個小漁港蛻變成亞洲國際商港，縣市合併升格後，人文風情、地形地貌更趨多元廣袤。登輝要再次強調，執政不應分黨派，避免黨同伐異，更毋須用先來後到的順序，做爲是非、喜惡的判斷標準。馬丁路德在《基督徒教理問答》說

到：「你的心在哪裡─也就是你全心相信的地方─你的上帝也會在那裡。」沒有私心並堅持價值，老百姓自然就會打好成績。

欣聞管委員《爸爸的吉他》出版，細說從政初衷，詳述願景藍圖。登輝於此勉勵她，把政治當作是一生的志業，用熱情、責任感、判斷力爲人民服務，成爲一個稱職的高雄管家新典範！

二〇一七年五月

（本文作者爲前總統）

第一章

梅子樹下

一九五六年十二月九日，我出生於當時還是屬於「鎮級」的城市——臺中縣豐原鎮。豐原是我出生到高中畢業時代，生長成長的戀戀故鄉。豐原當時雖然是臺中縣的縣政府所在地，但除了豐原火車站及媽祖廟慈濟宮附近街區是屬鎮中心地帶，較熱鬧一點外，其實還是一個阡陌相間，雞犬相聞，民情淳厚的城鎮。我的父親管業振先生，先祖是從東勢遷移，設籍到臺中縣石岡鄉原名梅子樹下的梅子里。小時候我母親常牽著我走回石岡鄉金星村的外婆家，我記得沿途田野交錯，溪圳縱橫，鄉鎮田野的風光純樸明媚。鄉間早晨還可以看到勤勉的鄉村女性在溪邊浣衣提水的情景，那是我最美好的人生記憶之一。只不過歷經幾十年的變遷，農村風貌逐漸消失，在九二一地震後，石岡的地形地貌變化更大，我小時記憶中的那種小橋流水，鄉村婦女浣衣提水的風景，已經完全消失不復可見。

父親是臺灣客家人，追溯我們家族的根源，祖先係來自中國廣東省大埔縣黃蘭村石圳口。不知從何時開始，先祖中應該是有一位姓詹的先祖必須傳詹氏香火，所以我家先人在名字中有類似複姓的「管詹」兩字，我的祖父諱名「管詹樓」即是如此。好像是我家曾祖嚮往子孫能「起大樓」住華廈，所以才爲祖父取名爲「樓」。我的父親那輩是「業」字輩，伯父名爲管詹業泉，但我的父親管業振先生，不知爲什麼並沒有姓「管詹」，所以我們家的孩子就全部姓管了，不過從我這一輩開始，衆多的堂兄弟姊妹中，再也沒有人姓「管詹」了。客家人稱祖母爲「阿內」，我的阿內名叫管羅六，人稱「阿樓嬸」，在我家中的地位至爲崇高，我阿內不必做家事，每天中午十二點開始聽臺中中興廣播電臺的歌仔戲，三點聽「吳影廣播劇團」的廣播劇，早上有空會帶著我去拜訪親戚，只有在過年，看她指揮鄰居太太們做年糕時，才會看到她幹活起來的樣子，阿內手腳非常敏捷，是一個高䠷，愛乾淨又俐落，又有威嚴的客家女性。

●樸實的客屬人家

我的父母親都是與世無爭，平凡的善良人，父親在第二次大戰中，被日本人徵調到南洋當兵，戰後還待在菲律賓，等了好幾年後才被遣送回臺灣。父親離開臺灣時，我的大哥猶在襁褓，父親回來時大哥已經要上小學。母親更是一個與世無爭的尋常人，在我母親生命的世界裡，幾乎可說就只有家人及周邊親友而已。她一生中操持家務無怨無悔，父親被徵調到南洋那些年，母親養豬劈柴，總是像一位魔法師，讓家中老小能溫飽無虞。她的一生都是如此，從我懂事以後，就看到母親幫人帶小孩、做加工，如車洋娃娃、黏購物紙袋、組電子零件，還有幫當年豐原外銷很強盛的肯尼士羽毛球拍穿線，再加上養兩隻豬，久久就能賣一次來補貼家用。總之，我母親「事業」繁雜，讓父親可以不必操煩家中老小的溫飽。

父親生於日本時代，生下來就是日本人，到被徵調南洋當日本「軍伕」時，也是一個日本軍人。戰後多年回到家鄉，一切面目全非，在時代大浪潮之下，故鄉突然變成另一個國家，他也從日本人突然變成了中國人，自己毫無置喙餘地。加上戰後臺灣的種種政治事變，威權統治、戒嚴管制、白色恐怖，對我父親來說，「無常」成了他人生最深刻的體驗；「無言」則成了他處世最戒慎的準則。所以過去我父親在豐原時，很長的時間沒有固定的收入，一直孤單地在做一些零星的生意，但因爲毫無背景又忠厚老實，並無累積財富，也沒有什麼足堪稱道記述的事蹟。不過我父親最大的成就，爲閭鄰所稱羨的，就是在那大學聯考非常競爭，考進大學被稱爲擠進「窄門」的時代，我家四個小孩都能上大學。大哥讀中國醫藥學院藥學系，二哥讀師大生物系，三哥讀成大建築系，這在那時我們家族中，或是鄉里中，都算是很了不起的成就。

我有四位姑媽，大姑媽小時即送人作養女，由於沒有什麼來往，我對自小送人的大姑媽並沒有什麼印象。我的二姑媽廖管森女士，是一個深具識見與充滿活力的現代女性。她中年開始篤信耶穌基督，常說耶穌基督賦予她生命的重生，也豐富了她的整個生命。二姑媽成爲虔誠基督教徒後，一生精華歲月都奉獻給主耶穌基督。她有很長的一段時間，都奉獻在臺北市的雙連教會，也在雙連教會所創辦，聲譽卓著的雙連幼稚園擔任很長時間的園長。二姑丈廖青山先生，是出身臺南府城的望族，服務於臺灣省政府至退休。臺南市永福教會的前身「臺南基督教盲人會」，即是由二姑丈的父親廖旺先生創建。廖旺（一八九〇～一九七一）先生五歲因眼疾失明，後因信主耶穌而讓生命得到光明，從而改變了人生。因此他一生就致力於盲人福利，傳播福音引領盲人信仰耶穌。

廖旺先生九歲就讀啓聰學校，蒙甘爲霖牧師傳福音而信主，十九歲被保送至東京盲啞學校深造，學成後回到啓聰學校任教。民國五十年五月六日，廖旺先生在臺南太平境教會創立「臺南基督教盲人會」，積極從事爲盲人傳播福音的工作。廖旺先生安息主懷之後，由其女兒廖桃繼承父志，繼續關心盲人傳福音的事工。後來廖青山、廖青原等兄弟受父志感召，由青原先生主事將臺南市永福路二段五十四巷二號的自宅獻爲盲胞敬拜上帝的殿堂。後來廖家在該址創立一所「完全奉獻」的教會，定名爲永福教會，繼續傳揚基督福音至今。

我二姑媽子女眾多，除了小表姊在臺灣之外，其他子女都在美、加兩國發展，也都事業有成。特別是在加拿大多倫多的大表哥廖芳隆，擔任過臺灣同鄉會會長，非常熱心臺灣同鄉與故鄉的事務，每次臺灣大選總是號召鄉親，或參與組團回國爲臺灣加油助選。我有機會赴美加時，也總是會受到表哥、表姊們的盛情接待與加油。

●六龜盧永通老師

我三姑媽管秀娥則嫁到高雄六龜，長期服務於六龜衛生所，在六龜衛生所退休。三姑丈盧永通老師，日本時代曾經在現在的總統府，當時的臺灣總督府內工作，二戰後回故鄉服務，曾經在高雄桃源鄉偏遠的寶山國小，擔任第一任校長，最後在六龜國小退休。三姑丈一生都服務於教育界，可說桃李滿六龜，所以現在六龜有許多鄉親因爲曾受教於三姑丈，因而對我極爲親切，一直對我鼓勵有加，而現在六龜國小的黃龍泉校長，則是三姑丈的甥女婿，所以黃校長也算是我的姻親表姊夫。我的小姑媽管秀足女士則嫁到臺北，小姑丈吳森先生在打鐵街區經營鋼鐵業。父親後來到臺北工作，即是在小姑丈位於臺北承德路的鋼鐵公司上班。

我出世的地方是豐原中正路五十六號，這個門牌號原來是六十八號，後來才改編為五十六號，是在一家木材行的隔壁。我祖父那一輩不知是何因緣，那個房子的房屋與土地的問題沒有釐清，因此在我大學時代被訴拆屋還地。幾年後，那個地方成了一家速食店「肯德基」，周邊已經變成相當熱鬧，成了豐原的市中心。我在那個地方住到十八歲高中畢業，考上中興大學後搬到臺北，從此就再也沒有回豐原長住了。但我每次回豐原經過那地方，總是會緬懷起過去家族還住在那地方時，安靜恬淡，老一輩人總是聞雞鳴破曉起床，開始起身幹活的種種往事。

我豐原的家非常狹小，總共才兩個房間，一個大通鋪，全家大小擠在一起睡覺，另一個小房間則是我阿內的房間，我阿內在我家地位最高，所以獨自住一間房，房間緊接著一個小廚房再加上一個狹小的洗澡間，除此之外，還有一座在房子後面專供養豬的豬寮。在我家那狹小的空間中，我阿內的房間與狹小的廚房是緊鄰爲一體的，而我母親每天清晨從我們一家老小睡的大通鋪中起床，經過阿內的房間到廚房中燒柴起灶煮飯，一直到弄好我們四個小孩上學的便當，全程靜悄悄，完全不會吵醒家中任何人。那是我母親一生中，一直津津樂道非常自豪的一件事。

●戀戀九層塔

我家屋後的豬寮上面則是一個屋頂平臺，那是我們家晾衣服的地方。我家做飯煮菜很喜愛摻用九層塔，那個平臺也是我家用花盆栽種九層塔的地方。但不知爲什麼，爬到豬寮上屋頂平臺摘九層塔給我媽媽做菜，會成爲尚未讀小學時的我固定的差事。那豬寮雖不是很高，但仍需要以一簡單的活動木梯爬上去，當年在爬那梯子時，總是會引起豬隻的騷動叫囂，所以我爬那小梯子時總是戰戰兢兢。九層塔是我最愛的食物之一，現在回想起來，我之所以喜愛吃九層塔，除了九層塔有一種特殊的迷人香氣之外，也是因我童年時所經歷的那段往事讓我戀戀不忘的吧。所以我愛吃九層塔，應該也含有「兒時情景」的一種成分在內。

由於隔壁就是木材行，所以我們家與諸多鄰居，就自然而然地會去撿木材行劈下含有油脂的廢棄木材皮來生火，當然更多時候會到木材行買鋸木屑來升火。用鋸木屑生火，需要一點小技巧，我因爲常常幫忙大人生火，所以還沒上小學就學會如何鋪排升灶火來煮飯，知道要用木條讓鋸木屑中留一些空隙，這樣空氣會流通，可以使鋸木屑容易點燃，讓灶火很快就興旺起來。

我父親的家族雖是客家人，但我母親管林娘女士的家族，是住在石岡的非客屬人家，所以在豐原出生的我從小學的是媽媽教我的話，也就是我的母語並非客家話。我不了解祖父與父親在人生地不熟的非客屬社會，到底曾經歷過何種壓力，父親就是從來不提自己是客家人的身分，也從不向孩子說我們是客家人。雖然我們常常會有親戚從鄉下來探望祖母，會聽到大人和親戚說客家話，但是父親從來沒有跟我們說過客家話。

相反的，小學時候放學回家，父親常會要求我打開國語課本，將每一課的課文翻譯成臺語給他聽。父親也會示範如何唸臺語，那時候我總覺得父親的臺灣話說得很典雅，和我愛聽的歌仔戲唱詞是一樣地優美。家裡的母語已經是臺語了，父親還嚴格地教我學臺語，卻從不教我們學客家話。有一次，我學鄰居孩子說到客家人時，說了一句：「那個客人仔～」父親突然打我一巴掌說：「客家人就是客家人，甚麼客人仔～」直到高中，我的姑媽才很鄭重地告訴我說，我們是客家人，說父親因爲怕我們被歧視、被欺負，所以不想告訴我們這些事情。那時我才突然了解，父親爲何會嚴禁我們用歧視性的輕蔑語氣說「客人仔」。

二姑媽的客家人認同感很強，雖然她這樣告訴我，但我應該是因為生命經驗影響的緣故，我對自己的客家人身分，那時實在是還不大能接受，甚至隱隱約約還覺得有些遺憾，所以那時我還會抗拒，不願接受我其實擁有的客家人身分。我父母與客家親戚的往來，可以感覺到他們長輩彼此之間的宗族感情，但是那時我的客家認同卻不深。仔細回想，當年豐原的大環境，一般非客屬社群，其實還普遍存在對客家人的偏見，常會聽到有人說客家人吝嗇，客家女人很「恰」，客家人怎樣又怎樣，客家人如何又如何……總之，提到客家人，總是充滿偏見與歧視，曾經深深影響了我的自我認同。

●自我認同，學會客語

臺灣應該是一個多元文化和多語的國家，過去卻由於偏狹的國家政策使然，獨尊所謂的「國語」，使得除了「國語」之外，其他各族群的母語漸漸地被壓抑而流失，那樣當然也使得各種語言中的智慧與美感消失了，實在是國家文化重大的遺憾與損失，過去所謂的華語優於臺語、臺語優於客語，那樣的語言位階，其實就是族群位階。那是我生活經驗中很清楚的一部分，也是我曾經遭受社會環境扭曲過的生命印記。

所幸一九八〇年代開始，臺灣社會自覺發起「還我母語」，說母語的運動，以及原住民的正名運動，這些過程也才使我對自己客家的「自我認同」有了某種程度的覺醒。也因這樣的覺醒，我徹底擺脫了從小一直盤據在心中對客家認同的抗拒。特別是我在擔任高雄市政府新聞處長時，就曾要求高雄電臺調整一些節目，例如將客家節目調整到比較好的時段，也從AM調到FM，並要求電臺增加客語新聞，開闢「三分鐘客家話」的節目，讓聽衆有更多機會接觸與學習客語。

也是在我擔任高雄市新聞處長時，因爲姓管，經常被問起出身，我才警覺到我需要超越我過去的自我認知，開始公開我身爲一個客家妹的「自我認同」。而強調「自我認同」需要自己以身作則，應該要會說客家話。所以我就開始利用車上時間聽CD，研讀客家語讀本，勤練客家話。果然不久之後，我的客家語就越來越流利，甚至學習客語六個多月後，都可以上電視客語節目對觀衆說客家話，最後我也去參加行政院客家事務委員會的客語認證，高分通過考試。所以現在我已經可以用應該算是及格的客家話演講了。

●初上大學與許陽明

我在豐原住到高中畢業，一九七五年我到臺北上大學後，就與父母住在臺北市大安區瑞安街一八〇巷五號，我小姑媽管秀足的一棟房子中。那時父親已到小姑丈在臺北打鐵街的鋼鐵公司上班，我的小姑丈就把那閒置的房子給我父親當宿舍，一直到我父親退休後還住那。一九七九年我大學畢業後，一邊念研究所，一邊留在母校服務。一九八一年六月，母親在那個房子裡突然中風過世，接著我在母親百日內與許陽明訂親，一年多後，一九八二年十二月二十四日，在那房子，家人沒有對我潑水，我也沒有對家人丟扇子，父親依依不捨把我牽手嫁出門。那是一個充滿我許多難忘回憶的地方，從那一刻起，我離開了大學時代開始，與父母最後生活在一起的地方，與許陽明攜手去建立我們自己的家庭。

至於許陽明，我進入中興大學公共行政系時，他已經是我們系上四年級的大學長。當年我們還處於沒有電腦與網路的時代，大學剛放榜後，我們每一位新生都收到系上一位學長的信，那是一封以鋼筆書寫，字跡滿漂亮的信，向我們這些新生表示歡迎，做一些系上的簡介，並告訴我們如有什麼問題，個人可以根據自己住家所在地點，寫信或打電話給北中南的某某學長詢問，好像現在我們的服務處與選民服務一樣。但更嚇人的是，新生註冊那天，系館中有一位學長，不知為什麼，竟然一見面就叫得出我們每一位新生的名字。新生選課、宿舍的問題還滿多的，有一組大二學長早已被那位學長安排好，帶我們這些新生去看宿舍，解釋選課，說明校區教室，社團參與等等問題，都處理得有條有理。一整天下來，我們班上有位陪同來註冊的媽媽不禁讚嘆，就斷言說你們那個學長，將來會成為議員。那位學長就是許陽明，他那時擔任公共行政學會理事長。

那時每系都有一個系學會，所有學生都硬性參加學會，會費在註冊時就強制收取。法商學院公共行政系的學會叫「公共行政學會」，專辦系裡的系刊、迎新、送舊，各種全系學生活動等等。另外每一系還有一個學社，公共行政系的學社名字叫「實踐學社」，那其實是行政系內國民黨的學生黨部。當時國民黨在所有學校，在所有系、所都有一個學生黨部，每一系、每一所都有同樣的組織與結構。

原來在許陽明之前，系學會的理事長是由系教官指派的。許陽明與幾位志同道合的同學，尤其是畢業服役後出國留學，後來擔任聯合報駐洛杉磯的特派記者，當時是法律系的刁冠群學長。他們兩位從大二開始就一直主張、論述，要求由學生「普選」

學校與各系學生會的總幹事或理事長。後來學校逐步退讓，最後他們的這些訴求也都實現了，學生的自治團體全都獲得「開放普選」。在行政系，其過程則是先從「教官指派」，「進化」到由系教官遴選三位大三的學生，再交由大三的全班同學選出學會的理事長。

在許陽明之前擔任理事長的許秋煌學長，後來也去念臺大政治研究所，許學長後來考進了新聞局工作，最後擔任到新聞局副局長，文化部成立後，政府局部整併，許秋煌學長出任了文化部的次長。在許陽明大三下學期時，他和那群學長就爭取到由大一到大四所有學生投票，普選系學會的理事長，與法商學院的學生活動中心總幹事。第一次普選許陽明就參加系學會理事長的選舉，那一次行政系的國民黨學生黨部「實踐學社」也正式提名學生參選，選舉結果許陽明以相當懸殊的票數，當選第一位「全系普選」的公共行政系學會理事長。而法商學院學生活動中心總幹事首度普選，也由許陽明他們那一群學長推舉法律系，出身屏東政治世家，父親是省議員的林東河學長參選。林東河學長也是許陽明在臺北市成功高中時的同屆同學。林東河學長後來成爲一位古箏演奏家，林東河學長的夫人黃好吟也是一位知名的古箏演奏家。

●打破校園禁忌

林東河學長當選後，許陽明也參與了活動中心的「小內閣」，接著就由許陽明與刁冠群學長主導，打破當時臺北法商學院仍有的學生報禁。許陽明也是從大二開始，屢屢與刁冠群學長公開發表文章或聲明，一直呼籲學校解除報禁。臺北中興大學法商學院的《法商新聞》，是學校解除報禁後的第一份學生報，也是由許陽明創辦。那份學生報創辦時，許陽明擔任總編輯，刁冠群學長擔任總主筆。

當年辦那個學生報的同學們，常因內容審查問題與學校教官相處不睦。甚至都到了一九九〇年代，許陽明擔任國大代表時，還曾經應母校學弟妹的拜託，擔任該報正式，但卻不支領指導費，也不介入內容指導的「指導老師」多年，讓那些學弟妹用以抵擋教官對出版內容的不當干預。法商學院雖沒有新聞媒體相關的科系，但該報的學長與學弟妹，也有一些在媒體界表現傑出頗有成就的，像曾經擔任過《經濟日報》社長的張水江、前《新新聞》總編輯林瑩秋、現《自由時報》副總編輯陳杉榮等，都是很傑出的媒體工作者。

當時許陽明是我們這些學弟妹最熟悉的學長，開學後同學們有關課業的問題，幾乎都會去找他諮商解決。開學後一個多月，我們班上男同學與他們在輔仁大學的高中同學有場聯誼足球賽，我們班上大舉出動到輔大爲我們班同學加油當啦啦隊，許陽明也受我們邀請，跟我們一起去輔大爲我們班加油打氣。輔大在新莊，許陽明是在新莊出生的。那天氣氛大概很愉快吧，傍晚天黑大家解散後，我與許陽明兩人一起走出了輔大要去搭公車回家。過馬路時，我竟不知不覺地被許陽明牽著手，橫過車水馬龍的新莊中正路，我一路上很緊張，心跳得很厲害，但我不知如何是好，竟沒有拒絕許陽明牽我的手，所以就一路無語讓他牽手回到臺北。那天之後，我們雖沒有刻意約會，但我們都知道在學校系圖書館會互相看到，知道彼此習慣坐在哪一個位置，所以我們經常會在一起看書，下課回家我也會讓許陽明送我回到我家巷子口。

隔年六月許陽明畢業，接著就去服兵役，他要去當兵的前夕，我們才第一次到臺大校園散步約會。那一天我們依依不捨，坐在大王椰樹、杜鵑花下，不知不覺中，我放在身旁的小皮包，放著我擔任家教辛苦賺來的六百元，竟慘遭小偷從後面悄悄地爬近我們身旁摸走。還好許陽明的沒被偷，不然我們就要走路回家了。接著許陽明就到雲林縣虎尾空軍新兵訓練中心受訓一個月，我也剛好是要升大二的暑假回豐原，他幾乎每天給我一封信。不過最後，有一封寄到豐原家裡的信我並沒有收到，而是被我的家人接獲，有人天天寫信給我，我那保守的家人當然是很好奇，好不容易逮到一封，結果就呈報我父親拆封，信的內容應該是寫得很親暱吧，父親看了信就發現我已交了男朋友。

●我給許陽明一個「兵變」

其實父親對我期待極深，應該可說是對從小功課很好，各種表現極佳的我，懷有很高的夢想吧。當他發現我竟那麼快就交男朋友了，似乎也是「驚嚇」得不知所措，就把我叫到跟前嚴詞訓令，說在父母親不知對方是圓還是扁的情況下，禁止我與這個男孩交往。從小我就幾乎不會違逆父母親所說的話，所以父親嚴詞反對我交男朋友，我也不知所措，於是就不再回許陽明信了。一個月後，許陽明分發到新竹空軍基地服役，每天可以上下班，也在當年軍中還有的「隨營補習班」中教書，可說相當自由，所以仍然每天給我寫信，但我也沒有回信，於是許陽明就慘遭我沒有說明原由的「兵變」。往後一年多，許陽明怕我沒收到信，就改寄給我班上的同學，後在美國獲得博士學位，留在美國任教的王德育，他大一入學後與許陽明也很親善，所以許陽明請他將信轉交給我，但我實在很慌亂不知所措，只好一直「狠心」不回信，許陽明休假回來到學校找我，我也都刻意迴避。

大二的時候，一九七六年十二月二十一日，我曾在我的日記中寫著：「看完許陽明的信，不知該如何形容自己的心境。無可否認地，他是那麼完美，尤其難得的是他了解我，可以引領我，但就爲什麼我會『對他沒有愛情？』難道是由於自己對感情的『玩弄』？我是怎樣的一個女孩兒？我只會傷害他……我希望知道什麼是愛情，好讓我知道這是不是愛情……」我現在看到這些日記，回想那眞是我「無悔的青春」中一段「方寸大亂」的時代啊！

許陽明退伍後接著讀研究所，我也升上四年級了。他又回來找我，那時我也實在躲不掉了，不知不覺又跟他在一起了。其實我們那時的交往很樸素單純，從沒有一起去看過電影，也從沒有一起去過咖啡廳約會，絕大多數時間都是在學校看書。學校畢業後，我回學校擔任助教，父親發現我仍然跟許陽明在交往，只是父親從沒見過許陽明，而我也算「出社會」了，父親實不知要如何或用何種理由阻擋我跟許陽明交往。又一年多後，我開始帶許陽明回家了。由於許陽明的父母都已不在，身高還比我矮，也比我瘦，更不講究穿著。而且學識還算滿淵博的他，見到不合理的事或聽到不合理的話，經常都會直言批評或反駁無諱，即使我的父兄，他也不會曲意阿諛奉承。坦白說，那種直來直往、有話直說、熱心政治的直白個性，並不是我父親想像中，能在社會中出人頭地或事業會成功的人，更不是他想像中的乘龍快婿人選。我父親對我跟許陽明交往的擔心與焦慮，常常溢於言表。

●母親靈堂前訂親

不過我的母親，跟我父親疼愛我的方式不一樣，好像也從沒在擔心我跟許陽明交往的問題，應該是愛屋及烏吧，還對許陽明相當親善，母親曾經告訴過我，要對人家好一點。一九八一年六月十三日，農曆五月十二日凌晨，我母親因腦中風突然過世，幾個比較親密的親友都希望母親的後事能辦得圓滿，希望讓許陽明以女婿身分送我母親最後一程。而那些年我也經常去許陽明大哥、大姊家，我與許陽明的家人，特別是與他家姪、甥輩都很親密，也成了那些姪、甥輩商量某些事情的「導師」。所以許陽明的兄姊也試著探詢是否能在百日內讓我跟許陽明訂親，不過父親一直沒表示意見。媽媽剛過世，親友卻來催促他至愛女兒的婚事，而且對象還讓他很放心不下，我當然也清楚知道父親的心情。

有一天下班後，許陽明又來家裡陪我們。我煮飯後還在廚房中忙，父親開始泡茶，許陽明坐在爸爸的對面，自顧著在看報。父親泡好茶，倒了一杯推到許陽明面前說：「陽明來，喝茶。」許陽明回答說好，但抬頭看一眼後就繼續看報。我父親看許陽明那樣子就不再發一語，一個人自己喝著悶茶，許陽明也沒有察覺父親的心情有怎樣。當晚許陽明走後，父親就找我出去散步，我們父女走在暗夜的巷弄中，其實父親也並沒有說什麼，只說了一句：「陽明無父無母，你自己要慎重考慮。」我當然了解父親話中的意思。

回家後，我越想越傷心，傷心得一直哭，最後哭到情緒無法承受，我三哥心一急，竟就近送我到臺北市立仁愛醫院就醫照顧，等到我心情回復平靜，深夜才回家。回家後大家都沉默無語，那晚大家的心情應該都很沉重才是。但隔天一早父親就跟我說，妳去請陽明的兄姊來談提親的事宜吧。接著許陽明的兄姊就正式來我家提親。所以我與許陽明就在那年七月二十六日上午，農曆六月二十五日，我母親百日內，在瑞安街家裡的靈堂中，舉行了一個僅有幾個至親參加，簡單戴戒指的儀式，終於讓許陽明以女婿的身分，趕上參加我母親的告別式。

●國大同事的不同黨師生

隔年的十二月二十四日，我跟許陽明就結婚了。我們為了節省，結婚典禮租借了原是臺北市士林國小在大東路的舊禮堂舉行。當時該禮堂是由國民黨占用為士林區黨部與民眾服務站，並對外營業供一般民眾辦喜宴。所以現在看當時的照片，小小的禮堂，牆上卻貼有一堆如「枕戈待旦、精誠團結」的反共標語，當時覺得很好笑，但現在看，其實還滿有「後現代」的喜劇感覺。

那時候還不興「婚禮秘書」那種行業，但我們的婚禮有許多同學來幫忙。許陽明請法商新聞社的學弟，地政系畢業的許德賢學長當總幹事，負責總理我們的婚禮事宜，也請臺風穩健、口才一流的郭莉眞學姊擔任司儀。郭莉眞學姊是高我一屆的系上學姊，也是我參加辯論隊的前輩指導學長，畢業後她曾擔任臺北市黃大洲市長的秘書，也擔任過圓山大飯店的副總經理。她的夫婿也就是當時的男友，後來留美獲得博士學位返回母校服務，擔任到臺北大學副校長，柯文哲當選臺北市長後，從社會中海選局處首長，被海選去擔任臺北市研考會主委的陳銘勳學長，也一起來幫忙。我的伴娘則請我豐原鄰居兼小學到高中的同學，一直在玉山國家公園服務的曾惠香擔任。

我們的婚禮相當簡單，不過都請了最敬愛的老師福證。我們請了中興大學行政系姜占魁教授擔任介紹人，請我們的恩師謝延庚教授，以及指導許陽明碩士論文，政大政治系主任的荊知仁教授福證，並請了許多同學分享我們的喜悅。荊知仁教授與謝延庚教授經歷相似，都是苦學的流亡學生，也都深受國民黨黨國的照顧栽培，所以都對國民黨有一種愛深，期許也深的情結。荊教授雖知許陽明的志向，當他多少知道許陽明已在參與黨外運動，從事解除報禁的運動時，也曾想要介紹許陽明到當時的兩大報工作，也曾諄諄告誡分析當時黨國的龐大力量，要許陽明慎重深思在政治上可為與不可為之事。

不過我們結婚九年後，專精憲法與釋憲制度的荊教授，也是我們這些學生輩口中，剛正不阿，砍學生的成績與報告很認眞的嚴師「荊大刀」，擔任了第二屆國民大會國民黨的不分區代表，經常領銜擔綱憲法增修條文修正案。那時有很長的一段時間，許陽明也擔任民進黨國民大會黨團幹事長，強烈主張人數不足的民進黨團，應該不惜形象，採取「傳教與拆臺」，甚至打爛國民大會的策略，來解構國民大會的正當性。荊教授在總是處於激烈混亂抗爭，甚至朝野國代大打出手的第二屆國民大會中，常常搖頭笑著對很多同事與媒體說：「許陽明是我的學生。」師生成了對抗雙方的國大同事，荊教授常被捉狹：「你學生怎麼教的。」荊教授在他的皮夾中，有很長一段時間也一直存放著我大女兒幼嬰時的照片，經常拿出來與友人分享，說這是許陽明與管碧玲的女兒。而謝延庚教授則是諄諄教誨，啓發我們良多的恩師，更是引薦我回母系服務的恩師。荊教授與謝教授都是至爲照顧學生的好老師，是我們經常感念的如父良師。

●蜜月旅行的高雄情緣

婚禮之後，我們就休假一個禮拜蜜月旅行。我們的蜜月旅行其實是一整套的健行活動，回顧起來還滿健康的。我們除了回程要到員林找我二哥，順道到鹿港一遊及拜訪高雄林森一路的姨媽外，主要都在高雄鳥松的澄清湖與左營的蓮池潭，還有整個壑丁半島中健行。我們住在那時尚未改建的墾丁聯勤俱樂部，以那裡為中心，在整個墾丁半島健行。其中一天我們從鵝鑾鼻沿著東海岸要健行到佳樂水，出發時剛好有一位老伯開著發財車要去佳樂水賣雜貨，問我們要不要搭他的便車？我們還跟他說謝謝不用，我們要健行，用走路的就好了。結果我們在半路時，那個阿伯已賣完東西，回程又與我們相遇，阿伯看到我們仍在走路，覺得有點不可思議，就停下來笑說你們這樣走，到佳樂水都已經天黑了。經阿伯提醒我們就來個急行軍，幸好在天黑之前就走到了佳樂水。這十多年來，我們聽聞到的蜜月旅行，幾乎都是時興到國外旅遊，像我們那樣以國內健行作為蜜月旅行的，倒是沒有聽聞過，還算滿特別的。

不過那次的旅行卻是我第一次比較長程地在高雄步行，那應該也算是我對高雄第一次有較深刻的了解。結婚二十年後，我因緣際會轉到高雄來發展，那個蜜月行彷彿也成了我高雄情緣的序曲。而當時度蜜月的住宿行程等一切事宜，是請現在擔任中國時報駐美國華府特派記者，那時在高雄擔任地方記者的劉屏，還有在高雄救國團工作的許石欽兩位學長安排，車票交通事宜則請現在也在高雄輔英科技大學擔任教授的蘇嘉宏學弟幫忙。那時我們家還沒有相機，一直到我大女兒出生後，許陽明才在我們學校的活動中辦了分期付款，買了一臺相機。所以我們蜜月旅行到高雄時，蘇嘉宏才向他父親借了一臺相機給我們使用。而劉屏學長之後到美國讀書就業，他的母親二〇一三年十一月歡度九十大壽，劉屏從美國回到高雄，我與許陽明還請他與老夫人吃飯祝壽一番。幾十年來，我們這些同學儘管在不同崗位上，或有不同的立場，但大家始終都維持著在校時，那種純眞可貴的友誼。

●參與黨外反對運動

結婚後，許陽明也曾照著家人的期待，做起一些投資的工作，大家也似乎都認爲憑知識與認眞，許陽明要努力於創造自己的財富，應是輕而易舉之事。只是那些事從來都不是許陽明熱中的選項，許陽明其實從大學時代就開始在關注黨外運動，選舉時總是去幫黨外人士發傳單。我們結婚後，工作之餘也爲黨外雜誌《八十年代》寫文章，擔任黨外人士選舉時的義工。結果二、三年下來雖不能說是一事無成，但我們眞的發現做生意賺錢的確不是從大學時代就一心想要打破報禁、打破黨禁、打破萬年國會的許陽明之人生志向。

我與許陽明結婚成家的時候，正是一九八〇年代臺灣開始邁向政治改革的新時代，臺灣人民已正面地站出來，不畏查禁，不怕司法追訴，不怕監牢伺候，正透過密集辦刊物、集會、演講與選舉，把要求解除黨禁、解除報禁及國會全面改選的訴求正式搬上檯面。最後，許陽明幾經內心思索，決心照自己的志向走自己的路，於是放下了家人期待要他做生意創業的想法，開始直接參與黨外運動，參與黨外公政會的活動，參與立法委員選舉的助選活動，參與自由媒體的創辦，也就是參與他學生時代一心一意想要打破的報禁、黨禁與萬年國會的運動。他陸續參與《新新聞》的創刊、擔任立法委員康寧祥的國會助理、籌辦《首都早報》、擔任《首都早報》副社長、擔任民進黨機關報《民進報》總編輯。

一九九〇年三月爆發野百合學運，我們下班後都積極去中正紀念堂參加靜坐，許陽明那時在《首都早報》擔任副社長，主管總務與人事外，還兼管報社的印刷廠，所以就經康寧祥發行人同意，利用報社的印刷輪轉機設備協助廣場學生，用最快的速度印製文宣快報。甚至我們也曾抱著兩個女兒在懷裡，在中正紀念堂靜坐過夜。但我父親卻不幸在一九九〇年八月二十四日永遠離別我們而去。父親過世前那些年，臺灣政局動盪不已，我們當時已經開始義無反顧地積極參與那些要求解禁的憲政改革運動，我想那時父親也多少有擔心，擔心我們忘情的參與會不會受到傷害。

●繁花似錦

政治研究所時代主修憲法的許陽明，一九九一年擔任民間憲改會議秘書長，擔任民進黨中央黨部主辦的人民制憲會議的副秘書長，一九九一年底國會第一次全面改選，許陽明被民進黨提名，參選臺北市第二選區中山、大同、士林、北投的國民大會代表，由當時聲譽卓越、人氣超高的立法委員陳水扁擔任競選總幹事，帶領著我們掀起選戰高潮，我們每晚舉辦的政見說明會，由我與陳委員搭配演講，陳委員幽默犀利尖銳，演講內容非常吸引群衆。我則娓娓訴說我們投入政治改革運動的心路歷程與意義，幾乎每晚的政見會都見到人潮洶湧的景象，尤其選前之夜甚至延長到半夜近二點，群衆遲遲不願散去，許陽明被開了一連串演講逾時的罰單，不過選舉結果，許陽明高票當選第二屆國民大會代表。

只僅僅差了一年多，我父親沒能看到許陽明那種直白個性的人，沒有家庭背景，竟也可以不靠財富，不花自己的錢，憑著言論主張，與知識分子的形象當選國會議員。更沒有看到他往後勇往直前，衝撞體制改革憲政的種種努力，也沒有看到許陽明後來擔任民進黨副秘書長、臺南市副市長等等工作的努力情形，也沒能看到我們二十年來，努力搶救保存了許多臺灣珍貴古蹟與文化資產的情形。

我父親也沒能看到我一邊帶孩子，一邊在教書，一邊在讀書，一邊參與政治活動，靠著家庭的支持，最後也在臺灣大學完成博士學位，也能到美國哈佛大學進修研究。父親也沒能看到我後來到高雄發展，擔任新聞處長，擔任高雄市首任文化局長，全心全力工作的情形。也沒能看到我後來又受到高雄鄉親的支持，當選立法委員，至今已經連任了四屆。

父親沒能看到他至愛的女兒有機會讓生命發光發熱，服務鄉親奉獻國家社會的情形。也沒能看到我結婚成家三十年後，我的女兒，他心愛的兩個外孫女，一個在英國名校獲得博士學位，一個在日本名校獲得碩士學位，也沒能看到他疼愛的外孫女，我的女兒成了臺灣大學的專任助理教授……

在我結婚二十八週年的前夕，我曾在臉書上張貼了我訂婚與結婚的照片，我寫著：「今天是我和許陽明結婚二十八週年紀念日。二十八年前這一天，果然是我一生最美麗的一天。很慶幸，二十八年來，我的人生繁花似錦。」結果得到很多網友的讚美，於是幾乎驚動了所有媒體的注意，年代新聞、三立新聞、臺視新聞、東森新聞、中天新聞、民視新聞、TVBS、蘋果日報、自由電子報、壹蘋果網路、Nownews、中時電子報、聯合新聞網、HiNet新聞網、MSN新聞頻道、PCHome、蕃薯藤新聞……反覆報導，而網友也到處在轉貼這個信息……

意外地使那時「管碧玲」在Google熱門搜尋關鍵字中，竟高居前茅。那幾天朋友們問好誇讚的電話、簡訊蜂擁而至，連在電視模仿我的許傑輝也傳簡訊給我說：「今晚全民最大黨的管必靈美到不行。」會受到媒體這樣的青睞，我當然感到十分地欣慰，但回首三十幾年來的這些種種往事，我每每思及父親當年那些不善訴說的關愛，以及對我們的期待與擔心，可是卻沒能看到我用心經營家庭與努力工作的成果，風木哀思，每思及此，我總是有種深深的，難以自抑的遺憾。

第二章

我的少女青春夢

從小我們家就非常地單純，我父親不會汲汲營營，周旋忙碌於人群之中。而母親更單純，就是養豬、幫人家帶小孩、做家庭手工，連左鄰右舍來串門子，都一面工作，一面聊天，生活可說再平凡不過。但我們家雖然平凡，父母卻是既不會也沒有爲金錢的事情爭吵怨懟，孩子們也都能和樂相互照顧。所以我們家整體看起來，應該還可算得上是安貧樂道。我要上小學時，父母就是很自然地，帶我在離家很近的豐原國小報到就讀，他們沒見識過別人怎樣進行各種孩子間的競爭，所以我父母既不會、也不懂得那種「不要讓孩子輸在起跑點」的功利思維，不會逼著孩子去追逐名校，或追逐名師補習，更不需要我們去學什麼才藝，只要我們沒有什麼特別使壞的地方，父母既不會緊迫盯人，也不會碎碎唸，所以我們都能很單純地快樂求學成長。

我們家的孩子，與多數周遭的同學一樣走路上學、放學，一樣一路上聊天玩耍，甚至很多男生在路上就是打打鬧鬧，逗逗小女生，大家也都視爲當然，並不會緊張而特別去關切。下課做完該做的功課後，父母也不會沒事就東管西管，我們通常就是在鄰居或同學家，無憂無慮地玩耍、唱歌、扮家家酒。周遭鄰居同學的父母與家庭，我們彼此都很熟悉，各家的喜怒哀樂，我們也都了然於胸，相互分享與扶持，也難怪我們很多同學都會成爲一輩子的摯友。我們的世界就是我們住家方圓縱橫的一、二十條街道而已，完全不知，也完全不用去擔心天高地厚的問題。

●口若懸河的小學生

我在豐原國小時，功課非常好，特別是國語文的成績更是突出，我是朗讀比賽與演講比賽的常勝軍，所以就經常被學校指派，代表學校轉戰各種校際比賽。小學五年級時去參加臺中縣的全縣國語文競賽，我得到一面寫著「口若懸河」的錦旗。雖然那只是小學生的朗讀比賽，其實也只是小學生單純地背稿、唸稿比賽而已，但我實在不清楚，為什麼我會得到「口若懸河」這樣的嘉獎。不過得到這種榮譽，學校師長與我父母大家都很高興，所以那面錦旗還掛在我家牆上掛了好幾年，我也忘了什麼時候才被拿下來，而且不知不覺中就不知去向了。

我一直就是師長眼中、口中的好學生，再加上我那天生的正義感，以及好管事的個性，所以從小我就是會被選為班長，選為模範生，或在學校與團體中發號施令的那種人，而且大家好像都視為當然。只是這樣我還是有一些小小的遺憾，小學時候當班長，老師不在教室時，還需要代爲兼管班上秩序。小學五年級時有一孫姓同學非常調皮，曾經因老師不在教室時，被管秩序的我追打到花園。最後，他也很生氣，氣得回座位，拿起書包就說：「我要回家了。」其實我也忘了那一天爲什麼會弄到那麼僵，幾十年來，那一天的事我耿耿於懷，一直掛念著那位孫同學，但孫同學一直失聯。一直到有一年，我們在過年時去探望張老師，我聽說孫同學已英年早逝，過世那年才三十歲左右，很遺憾沒有機會向他道歉。

就讀豐原國中時，正逢臺灣被迫退出聯合國，也因爲我在演講方面的表現優異，學校與救國團便安排我到臺中縣的各國民中學巡迴演講，演講主題是譴責「國際姑息主義逆流」，表達「漢賊不兩立」的嚴正立場，抒發我國毅然決然退出聯合國的憤慨，以及呼籲遵從總統蔣公「莊敬自強、處變不驚、愼謀能斷」的訓示。巡迴演講之後，我便榮獲「臺中縣優秀青年」的表揚。當時每逢國家節慶或遭遇危難，「黨、國」體系都會召開集合學生的政治動員大會，在集會之中我也常常就是擔任青年代表，或擔任大會主席之類的角色，到高中仍然是一樣。

●當選模範生

因爲是校園明星，國中曾被二度推派參加全校模範生競賽成功，那可以說是我的選舉初體驗。那時選舉就已經很正式，也有模有樣了，我要帶著班上的支持者，一群人浩浩蕩蕩地到各個班級拉票。當年國中還有男女分班，女生班用忠、孝、仁、愛……取名。男生班用甲、乙、丙、丁……取名。那年我讀忠班，競選活動是利用課餘到各班級教室發表政見。過程中也發生一些很好玩的事，第一次參選時，我到那時的男生班，像辛班、庚班拉票，那些男生爲了阻止我們女生去拜票，竟然躺在走廊不讓我們走過去，雖然是我第一次選舉，我那時就知道要「身段很軟」，最後終於使他們讓我進教室拉票。那次競選，我自己畫海報、寫標語，做了一個黑底，配上土黃色字的海報，用色強烈、對比，製作出來的海報非常醒目、顯眼，好漂亮。最後，經過全年級學生投票後，順利當選爲全校模範生。

我的成績很好，總是和幾位同學輪流搶奪全校第一、二名的寶座。目前我們國中同學會也建立Line群組，有一位男生班的同學叫做曹立華，最近在ＩＢＭ退休，他的成績也很好。有一次，他說：「以前我很崇拜妳。」我問：「爲什麼？」他回答：「有一次我們的數學老師張立傑（現爲臺中市議員）在班上出了一道數學題目，全班沒有人解得出來。老師嗆道：『人家那個忠班的管碧玲解得出來喔！你們如果解不出來就很慚愧。』」我在校功課好，又參加許多比賽，得到很好的名次，在這樣成長的過程中，父母對我的表現感到很驕傲，他們也常常被親朋好友羨慕，生了一個這樣的女兒。所以，他們自然也會期待我能表現得更好，在這樣的注視下，我會去追求成就，這也是一種壓力。然而，人就是在壓力中成長，並以此爲力量，不斷地往前走。

●一九七〇年代的「憤青」

一九七三年我就讀臺中女中時，我的課外活動很多，當時我也是學校內大家公認的一位風雲人物，臺中各界慶祝青年節大會，我曾在大會代表青年宣讀宣言。當時各機關單位還時興設置政令宣導的大型布告欄或閱報欄，張貼公共閱覽的《中央日報》或《青年戰士報》，兼做政治與政令的宣導。我在青年節大會宣讀宣言那一幕的照片，就曾張貼在臺中火車站前的那種閱報欄中長達半年。當時我也是一位「憤青」，不過我那時的那種「憤青」跟現在的「憤青」，「憤怒」的方向與方式完全不一樣。

我記得當時在學校常帶領我們參加各種活動的訓育組長，名叫丁亞雯，她也是臺中女中的校友，她在臺中的杏壇相當活躍，後來她也在臺北市擔任了包括北一女等好幾個學校的校長，也曾擔任臺北市教育局長。她的先生張正中也是臺中黨政界的紅人，曾任國民黨臺中市黨部主任委員，後來也曾擔任國民黨臺北市黨部副主任委員。那個時代，不論是各種公家機關事業機構或是部隊與學校，總是有人負責用各種冠冕堂皇的說詞與理由，在競相招募國民黨黨員。

我在臺中女中二年級時，就在師長的勉勵下，正式填表加入中國國民黨。宣誓典禮是中部五縣、市填表的學生一起在臺中女中體育館舉行，那是一個千人集體入黨的大場面，集體入黨的宣誓開始，在最前面宣誓的代表就是我。所以在那時，我一直被國民黨所宣傳的，或是在教育體系中所推動的黨國合一，鼓動青年的那種「愛國主義」所薰陶。所以我的「憤青」時代，其實是在那種時代、那種校園氛圍，與那種師長的影響下，表現得忠黨愛國。我們憤慨中華民國這麼偉大，為什麼其他國家都那麼短視近利、不守道義，竟棄我而去與我斷交。我當時就是那種「憤青」。

此外，我的個性向來喜愛伸張正義，這種與生俱來的性格是無法改變的。讀高中時，放學要從臺中坐區間車回豐原，有一次火車誤點四十分鐘，一下車我就站出來帶領同學，衝到站長室抗議，拒絕鐵路局要求的補票。我至今仍保留一九七五年十二月三十一日的日記，那一天我的日記這樣寫著：

事情的發生，該是上天的安排。事前沒有一點徵兆，讓人無法逃避，來得好突然，也好戲劇化。三點二十分，從學校出來，一到車站就開始擔心，恐怕車子又要誤點了。過年過節，到處看得到加班車。又是平快，又是對號快，普通車的影子還不知在天涯還是海角呢！加班車陸續地開走，已經四點二十分了，整整一個鐘頭的苦等，害得心情煩燥得緊。同學們也不禁發起了怨言。忍受不了毫不知期的等待，也受不了那麥克風傳來「各位旅客……」時的空歡喜。一次又一次地傾聽，一次又一次地失望。書也看不下，一股火氣直往上升。一光火，就儘往不如意事想，什麼耐性，什麼修養，隆隆的火車，早把理智嚇跑了。

還好來了一個穿著制服的「鐵路先生」，年紀大的老先生總是比較權威的！跑向前去：「請問先生，三點四十七分往泰安的普通車，是不是改了時間？還是臨時取消了？」沒想到老先生搖搖頭：「不知道……」天啊，那「不知道」三個字比起「大概要晚一個鐘頭」還要教人難以忍受呢！連「鐵路先生」都不知道，說不定連車廂都還沒找到呢！

對於一個高三的學生，花費一個鐘頭的時間等車，就如同要一個急性盲腸炎的患者走一天路上醫院一般。要想跟將近十萬的學子角逐，時間的爭取是必要的。更何況「時間是生命的資料。」時間被剝奪，就如同生命被謀殺。鐵路局必須賠償損失。基於這個設想，改搭另班火車成了理所當然的權利。

於是，在認爲是鐵路局的有意安排之下，大伙兒坐上了開往臺北的平快車。我之所以會有「鐵路局有意安排」的錯覺，是因爲很多「鐵路先生」看到我們上車，並沒有出言阻止。誰知道，天眞的我們，竟然沒想到聰明的大人會冷不防來一招殘忍的教訓！等回到豐原，出口處的驗票先生，擋住了出路：「你們七個要補票！嗯？就是七個！剛剛臺中撥來的電話，有七個學生大大方方地坐上平快車，妳們要被罰票。」呵？第一次嘗到氣得發抖的滋味！

湯首先發難：「車子遲遲不來，我們也沒辦法。」「車子誤點就等嘛！怎麼可以就這樣坐快車回來？」只覺得嘴唇抖得難以開口，腦筋裡轟轟作響，聽不見他們在說些什麼，不過，已經有三個人補了票，等到湯要替我補票，「我不需補票……」終於擠出這幾個字。「妳是什麼東西，妳爸爸是什麼大官大虎，妳可以不補票？」「別以爲我喜歡仗勢欺人，那對我是一種侮辱，我只是想維護自己的權利。」

「火車晚了那麼久，誰知道它還開不開？車站也不宣布實情，問了先生也不知道，您能要我們怎樣？」

「車子誤點就等嘛！怎麼可以車子晚了就坐平快車？」

「三點四十七分就該開車的，我們甚至等到四點半才上車，這難道算過分嗎？爲什麼不可以權宜變通？硬要人把時間白白地浪費掉，這一點也不是明智的作爲！」

「反正妳普通票就是不能搭平快車，說要補票就是要補票！」

「我堅持不需要補票！」

鐵路局在年節的時候加開班車，目的也是爲了要便利旅客，如果加班車不斷地開，正常班車卻一再地晚點，這難道也叫便民嗎？平快車很空！我的口氣一定很衝，所以一位驗票先生說：「妳不需要這樣，我們也是讀過書的。」我好難過，好像自己仗著是讀書人……

日記中的湯，是我的國中與高中同學湯美禎，我國中好友大多還住家鄉，所以還都有聯絡。但湯美禎失聯已多年，我滿想念她的。

●祭拜蔣介石去世的往事

我高中的同班同學，其中一位叫包美聖，就是民歌時代，一九七七年得到新格唱片公司舉辦的第一屆金韻獎的包美聖，她唱的〈抓泥鰍〉當時許多人都能琅琅上口。她是我高中時代，甚至大學時代的好朋友，大學她考上臺大，與我一樣都從臺中搬到了臺北，但因爲她家還在臺中，所以她常到我瑞安街的家。她去參加金韻獎比賽，唱的是臺灣民謠〈補破網〉。前一個晚上就在我瑞安街的家裡練唱，一面唱一面讓我糾正她的臺語發音，比賽當天早上就是從我家背著吉他出發的。

一九七五年四月蔣介石逝世，因爲一直被教育成高度關懷國事的人，在聽到新聞報導蔣介石去世的那一剎那，當時的愛國心瞬間沸騰，熾熱到自己也無法想像的程度，我們很多人一開始根本不敢相信，確認這是事實後，覺得自己所處的世界好像要瓦解了，臺灣該何去何從？我們的未來會在哪裡？在那種巨大哀傷，以及臺灣前途的不確定性中，我想到他的靈堂祭拜，見領袖最後一面，送他走完人生的最後一程，這是當時唯一的心願。

蔣介石才剛過世幾天後，我、包美聖和另一個同學張如子，我們共同覺得學校並無意帶學生北上「瞻仰蔣公遺容」，都感到很難過與憤慨。我們巴望著眼等了兩天之後，就在第三天的早上，我們忍不住了，三個商量一下就決定，自己去臺北「瞻仰蔣公遺容」，於是穿著臺中女中的綠色制服，就翹課去搭火車到人生地不熟的臺北。我們問路找到了國父紀念館，接著跟著人群大排長龍，排隊排了很久之後，才進得了國父紀念館的大門。可是一進去後我們三個都非常失望，因爲安排讓群衆瞻仰遺容的地方是在很高的位置，下面的座位都以尼龍繩隔離，當時我們的情緒一發不可收拾，難以自抑，三個人聯袂往下跳，一直到警衛現身阻擋，我們便撲倒在地痛哭起來，因爲引起騷動便有記者趕來訪問，於是我們這樣的舉動就登上第二天的報紙了。

經過那樣的激情之後，我們的「愛國情操」才在情感上得到一些滿足。隔天臺中女中的師長們，在報上看到這則消息，便在朝會安排我們上臺報告感想，呼籲大家發起「獻機報國」運動。所以學校就在校內設置了靈堂，也租了遊覽車帶領學生北上「瞻仰蔣公遺容」等等。可見我念高中的時候，眞的是一位所謂的愛國「憤青」，但其實也可以說是一名深受黨國教育嚴重影響而不自知的熱血青年。

●不需抹滅的生命印記

我從十七歲，高二時加入國民黨，一直到一九九一年四月二十四日，那時我是臺灣大學政治研究所的博士候選人，也在中興大學公共行政系擔任專任講師，因爲對國民黨在國民大會修憲的表現失望，也爲了聲援在臺大門口絕食的學生，我與包括張忠棟教授、林玉体教授、陳師孟教授、張清溪教授、蔡丁貴教授、林向愷教授、夏鑄九教授、賀德芬教授等共二十八位在大學任教的老師，集體在臺大校門口退出國民黨，我們指出：「我們退出國民黨的主要理由，就是國民黨在國大臨時會的表現，已經讓我們感到徹底的失望。」我們集體燒掉國民黨黨證，正式退出國民黨。從那一刻開始，我也正式告別了我過去被體制灌輸黨國一體的憤青時代。

在我加入國民黨，事隔近四十年之後，也是我公開退出國民黨十六年之後，不知動機爲何，曾經是我在民進黨中央黨部的同事，也是媒體人的陳文茜小姐，在中天新聞她的《文茜小妹大》電視節目中，秀出我高中時代加入國民黨的入黨申請書表。她能拿到那樣年代久遠的私密文件，背後當然是國民黨的組織提供的。其實我高中時代加入國民黨，我從沒避諱過談論，我甚至在許陽明參選國大代表時的每一場參選說明會上，我都會訴說，我如何從一個代表千人入黨宣誓，如何從一個譴責「國際姑息主義逆流」，表達「漢賊不兩立」立場，及呼籲遵從總統蔣公「莊敬自強、處變不驚、慎謀能斷」訓示的孩子，變成支持民主憲政與政黨政治的一個學者，我毫無忌諱地說出我那種思想解組與重建的痛苦過程。那段歷史的背後，都是我在那黨國一體的教育灌輸下，希望國家強盛偉大的少女時代青春夢。雖然我經歷過一段極爲矛盾與痛苦的過程，但那正是我生命中，青春無敵，勇敢築夢，一個很重要，不需抹滅的生命印記。

●參加「復興文藝營」

上大學之後，和高中時代相同的經驗仍然延續。我積極參與學校的各種社團及活動，參加山地服務隊，參加合唱團，參加校刊《興大法商》的編輯，後來我也曾擔任過《興大法商》校刊的總編輯。我也曾積極參加演講與辯論比賽。我在立法院的同事林鴻池委員，他的太太景玉鳳律師，當時也是我在《興大法商》的密友。成大畢業、在政大讀政治研究所的林鴻池，常來學校找景玉鳳，所以那時我們就已經相當認識了。

而現任考試委員的林雅鋒，還有後來曾擔任臺大政治系主任及總統府副秘書長的高朗，新黨的前臺北市議員林美倫，被開除國民黨籍的前臺北市議員楊實秋的夫人宋穎鶯，都曾是我校刊社和辯論隊，合作無間過的隊友。

我在大一升大二的那年暑假，參加了救國團所舉辦的「復興文藝營」，在那次營隊中，有一次即席演講比賽，我記得我得到第一名。當時我在營隊的表現，就引起營隊工作人員，國民黨文工會的葉蔭先生，以及擔任我所屬小組的指導老師，也是作家司馬中原先生的注意。在結訓之前，司馬先生便問我有沒有意願接受栽培，將來可以擔任電視臺的主播，也可以參選公職。我第一次很驚訝地發現，那時的國民黨那麼有系統地在甄補與栽培人才。但那時我雖然還沒對國民黨產生徹底懷疑，但因我面對一些政治問題，已有感到國民黨一些言行的矛盾，而開始有了一些疑問，所以並沒有積極回應。

後來國民黨爲了圍剿鄉土文學，曾經舉辦過全國文藝會議，當時許陽明在服役，我讀大三。那次大會有關單位又找我擔任學生代表，和知名作家一起開會，用「工農兵文學」這個名詞來醜化扭曲鄉土文學，我當時雖開始懷疑那套說法了，但自我的體系並未形成，所以也還是以一種自以爲是的偏頗角度看待鄉土文學，我那時認爲這些鄉土文學的作者，不應該誇大社會的黑暗面，破壞社會安定。

一九七七年五項地方公職選舉，那次國民黨在桃園縣提名歐憲瑜選縣長。民進黨前主席，當時的臺灣省議員許信良脫離國民黨挑戰，使得桃園的選戰非常激烈。投票當晚發生了臺灣第一次的選舉暴動「中壢事件」，群眾因懷疑選務人員做票，到警察局中壢分局要求交出做票的人，得不到回應憤而縱火燒分局。那次選舉有很多大學生參與黨外的助選活動，大學三年級的我，也意外地接到國民黨文工會的電話，邀請我參與國民黨桃園縣長提名人歐憲瑜的助選團隊。但那一次我並沒有答應，那時倒不是因爲政治意識，而是家庭保守之故，我怕把我父母親嚇到了。

●自我的萌芽

到了大學四年級，我對政治學理論，已經有了一定專業程度的理解，我發覺政治學的理論，與臺灣實際的政治現象有不小的落差。儘管國民黨當時創造了許許多多的論述，來辯護爲何無法實施與歐美一樣的自由與民主，但國民黨一黨專政的問題，確實已經常常引起我內在的不以爲然了。當時臺大政治系蔡政文教授在我們系上兼任「國際政治」的課程。蔡教授一九七三年才從歐洲名校魯汶大學學成歸國，教我們時還是屬於非常「青翠」的年歲，所以蔡教授在上課時會和我們談論國內政治，應該是基於民主理論或自由主義，他常毫無忌諱地對政治時局做很多批判，因爲那時的校園氣氛還是非常保守，所以蔡教授沒禁忌的上課討論，讓我們同學都相當地震撼。我新的政治自覺，那時已經萌芽了。後來蔡教授曾擔任臺大政治系主任，我考上臺大政治系博士班那年的整個暑假，還曾被蔡教授徵召借去臺大政治系辦公室義務幫忙處理系務。

當然許陽明也是我很重要的啓蒙者，他的三姨媽許月里女士與姨丈周合源先生曾是政治犯，許陽明的母親從他們家孩子小時，就嚴格禁止他們談論政治，但是越是禁止，孩子越是好奇。一九六九年臺灣中央民意代表第一次因老委員、老代表的凋零，中央民意代表的代表性問題越來越凸顯，而有了第一次中央民意代表在臺灣的「增補選」，那一次選上的中央民意代表與老代表一樣，永遠不必再改選。那一年許陽明剛好就讀高一，去聽了黃信介先生的政見會，而受到黃信介先生與康寧祥先生的啓蒙，對自由民主產生了嚮往，就心想總有一天要去追隨他們兩位，後來許陽明果然就先後擔任過他們兩位臺灣民主先驅的幕僚。

我認識許陽明時，他總是對國民黨表露出一種不以為然，一副總有一天國民黨會被推翻的態度。不過在我大一和他交往的過程中，他還沒有向我明白表示要參與反對運動。因為他知道我的成長環境，不想把我「嚇跑」，但我已注意到他不時表露的政治態度所代表的意義。反而是班上有兩個跟我很要好的同學，很早就被相關單位吸收成為大家所謂的「職業學生」。其中一位同學負責要監視的對象，就是在校內處處對教官管理表露「不服從」與「不以為然」，愛放言高論的許陽明。那是我第一次親身體驗到，校園內確實有職業學生的存在，他們工作的背後，除了一些報酬的吸引外，大概也是受到黨國一體之下的愛國主義所驅使。

●第一次聽黨外演講

一九七八年，我大學四年級時，那一年正是增額立法委員的選舉年。選戰如火如荼在進行的時候，十二月十六日美國總統卡特突然宣布與中國建交，與我斷交的時程。那一年的選舉立刻被蔣經國依《動員戡亂時期臨時條款》的「緊急處分令」中止了。

那次選舉時，剛從軍中退役不久，也剛開始念研究所的許陽明，帶我去臺北市第九號水門外，聆聽康寧祥先生的政見會。那是我第一次去聽黨外的政見會，也是我第一次在公開演講中，聽到有關日本時代臺灣人的反抗運動，聽到有關蔣渭水、臺灣民衆黨、自由中國、雷震組黨及黨外五虎將的故事，當然也聽到康先生毫不客氣地細數國民黨如何一黨專政的歷史。而讓我內心迴盪不已的，則是康先生大聲問：「那一個政權統治臺灣，有問過臺灣人民同意否？」

那一次選舉首度有「黨外助選團」的名稱出現，雖然運作還生嫩，但已是臺灣國民黨之外，首度出現「準政黨組織」性的競選活動。又因爲前一年的六項公職選舉發生中壢事件，再因選舉結果黨外當選席次大幅增進，延續那樣的鼓動，一九七八年的選舉熱潮不但未退，黨外陣營的參選及氣勢大幅增長。也因國民黨在那次選戰中，扭曲抹黑反制黨外的手段盡出，汙衊黨外爲臺獨、中共同路人的「三合一敵人」，再加上臺大旁的民主牆與愛國牆推波助瀾，那次選戰實在非常激烈，而且是高潮迭起。

但更重要的是，時值臺美即將斷交的前夕，在一種臺灣即將被出賣，風雨飄搖的氛圍中，我除了反思臺灣一黨專制的實際與民主政治理論的巨大差異外，也開始反思臺灣的國家地位，爲何會落到成爲國際孤兒的地步？那一次選舉正是我覺醒，開始追尋與重建自我政治認同的起點。那次選舉是我第一次聽到全程使用典雅優美的臺語，所做的一場動人心弦的群眾演講。那完全顛覆了我過去對使用臺語的理解，於是我也下定了決心，要學好臺語的演講。所以那次選舉，聽到康先生的演講，我受到非常大的啓發。隔年一九七九年六月大學畢業後，我於十一月回到學校擔任助教，往後接連受到美麗島事件、美麗島軍法大審與林宅血案的衝擊，我受到很大的衝擊與震撼，林宅血案更讓我從內心徹底要與國民黨政權劃清界線。之後我就跟著許陽明開始參加黨外助選、黨外公政會，民進黨建黨過程的各種活動了。

●臺北火車站，第一次群眾演講

雖然政府宣告自一九八七年七月十五日起解嚴，「名義上」白色恐怖已經結束，臺灣平民不再受到嚴厲的軍法管制與審判，但是《懲治叛亂條例》以及《刑法》第一百條仍然持續鎮壓與政府持不同政見者。一九九〇年二月，中國國民黨提名李登輝、李元簇為第八屆正副總統候選人，國民黨爆發嚴重的權力鬥爭，形成支持李登輝的所謂「主流派」與反對李登輝的「非主流派」之爭。非主流派企圖推出林洋港、蔣緯國參選，但最後並沒有成局，一般將這次的國民黨內鬥通稱為「二月政爭」。同年三月十三日，四十年來從來未曾改選過的國民大會，又通過「臨時條款修正案」，將一九八六年所選出的增額代表任期延長為九年，在這種情況下，全國各界對國大代表一連串擴權牟利，在當時被嘲諷為「山中傳奇」的行為普遍非常反感，於是「罷課、罷稅、抗稅」的呼聲四起。

一九九〇年三月十六日，九名臺大學生到中正紀念堂前靜坐抗議，拉出寫著「我們怎能再容忍七百個皇帝的壓榨」的白布條，為野百合學運揭開了序幕，幾天之內來自全國各地的大學生，集結在中正紀念堂廣場上靜坐，提出「解散國民大會」「廢除臨時條款」「召開國是會議」，以及「政經改革時間表」等四大訴求。那是國民政府來臺以後規模最大的一次學生抗議行動，這次學運的影響非常深遠，被通稱為「野百合學運」。最後李登輝總統在總統府接見學生代表，承諾召開國事會議進行憲政改革，此一學運才告解散。

野百合學運後不久，李登輝召開國是會議，逐步進行憲政改革。一九九〇年七月，我那時也在張榮發先生創辦的「國家政策研究中心」兼任研究員，我們幾個朋友薛化元、葉國興，甚至就在那裡的辦公室中，積極籌備組織成立第一個學術界公開主張臺灣獨立的「臺灣教授協會」，簡稱「臺教會」。創辦臺教會後，我也就正式涉入反對運動的組織工作，從參與者，變成推動者了。

一九九一年李登輝廢除《動員戡亂時期臨時條款》，逼退老立委與老國代，終結「萬年國會」，使臺灣的民主化進入一個嶄新的時代。那年五月九日，法務部調查局幹員未知會國立清華大學校方，就在清晨五時許進入清大學生宿舍拘提歷史研究所碩士生廖偉程，此舉引發臺灣社會與很多大學校園的劇烈反彈。五月九日，清大學生到調查局臺北市調查處靜坐抗議。五月十二日，抗議的教授及學生擴大轉到中正紀念堂靜坐，二十多名教授遭到鎮暴警察以棍棒毆打，並將他們押抬上鎮暴車，開到市中心外，以丟包方式驅離，那件事又引發學生發起罷課運動，我也是那次在中正紀念堂，靜坐抗議中被毆打丟包的一個。接著盧修一委員在立法院舉辦「誰在說謊聽證會」，我在會中質問臺北市警察局城中分局長張琪，那是我首度站在立法院質詢臺發言質問，那時出席參與的學生們，都覺得我的逼問發言很精采，紛紛對我表示贊同。

三天後，五月十五日開始，上千名臺灣各大學學生發動罷課，並占領臺北火車站大廳靜坐六天五夜，要求「廢除懲治叛亂條例、反對政治迫害」，那次行動我也參與了。

那天我站在臺北火車站的大廳中即席演講了一場，那是我參與群眾運動的第一次公開群眾演講，演講過後，一位政壇前輩即對許陽明說：「管教授的演講眞可說是千軍萬馬般，有力地鼓舞了大家。」從此我主持群眾聚會、主持政見說明會，或對群眾演講，參與選舉助講的邀約就不斷了。

那年五月，李登輝總統提名郝柏村組閣，學術界一些志同道合的朋友們，發起了「反軍人干政」的抗議行動，我也積極地參與該抗議行動。從此，各種改革運動風起雲湧，從廢除《刑法》一〇〇條、國會全面改選、廢除《動員戡亂時期臨時條款》、總統直選等等在那幾年間一一實現。而那些抗爭運動，我幾乎也是無役不與。中壢事件、橋頭事件、美麗島事件、林家血案，經過那些年，我自己已經接受過學院完整知識的洗滌，也因參與那些抗爭而受到各種改革運動的洗禮，我已經徹底了解自己爲什麼要如此，徹底了解自己爲何而奮鬥，一套全新基於保障人權與民主憲政的價値體系就建立起來了。

●因人民幸福而偉大的國家

這是我的「自我認同」經流轉與衝突過後，經過「自我再發現」後，逐漸形塑「自我完成」的過程，這些已經不是別人透過國家機器灌輸給我的，這是我經過多年政治思想的解組與重組後，逐步自我再發現展現出來的「自我完成」。而這些新的自我認同與完成，也就是我近年常常揭櫫的「我們不只要自由、民主與法治，而我更至盼臺灣要成為一個因人民幸福而偉大的國家」。

一九九一年底，舉辦國會全面改選後的第一次選舉，也就是許陽明當選第二屆國大代表的那次選舉，臺灣更開始了一連串要求總統直選的修憲運動。歷經「委任直選」或「公民直選」的總統選制的抗爭，最後在一九九二年總統全民直選修憲成功，臺灣開始進行第一次總統直選的競爭。一九九五年二月二十七日，我與彭明敏教授等一批教授，集體在民生東路當時的民進黨中央黨部宣誓加入民進黨，接著我出任民進黨中央黨部政策中心主任。那一年臺灣首次舉行總統直選，民進黨的總統初選由彭明敏與許信良進行全民式的投票初選，最後彭教授出線，並找謝長廷搭檔參選。我曾出任彭明敏、謝長廷競選總統、副總統第一階段的執行總幹事。而國民黨則分裂成李登輝、林洋港與陳履安，共三組人馬出來競選。一九九六年三月二十日，經歷了一次激烈的總統選戰，及選戰期間中國對臺試射導彈的「飛彈危機」後，李登輝當選臺灣第一位民選總統。

●美國政府邀訪一個月

一九九六年暑假，我受美國新聞總署以美國國務院國際訪問計畫（International Visitor Program）邀請至美國訪問一個月，那次我要求的考察主題是：國家安全政策、國會選舉、社區發展、教育發展等等。那一個月間，我參訪了白宮與美國國家安全會議，及美國國防大學的高階官員，與他們對談臺灣與中國的關係；我參訪北卡羅萊納等幾個州的社區與教育組織，參與各種座談如毒品防制等等；也拜訪美國婦女選民聯盟，參觀美國的投票所；拜訪田納西州第九選區民主黨提名的眾議院候選人小福特（Harold Ford Jr.）的競選活動。

小福特在那次的大選中當選美國眾議員，從一九九七年連任至二〇〇七年，到因他參選參議員失利爲止，便沒有再尋求連任；我也拜訪參選密蘇里州衆議員失利的共和黨Ed Eilert的總部，此君擔任過堪薩斯州東部城市，奧弗蘭帕克（Overland Park）的市議員與市長共二十四年，及詹森郡（Johnson County）首長多年；我也受邀到加州聖地牙哥參觀美國共和黨提名總統的全國代表大會，也參與了一個由共和黨主導的「爲經濟與社會正義而走」的遊行，那是我首度在外國參加遊行。我也參訪了美國黑人民權領袖馬丁．路德．金恩（Martin Luther King, Jr.）博士被刺所在的紀念館，也就是「美國國家民權紀念館」（National Civil Rights Museum），也去參觀貓王普利斯萊（Elvis Aaron Presley）的故居。這一個月中我深入了美國的幾個領域，與那些領域相關的人士並有密集交流會談的機會，當然我算是大開眼界，收穫可說是良多。

●美國國家民權紀念館：金恩博士紀念館

其中我認爲最重要的是參觀田納西州孟菲斯市的「美國國家民權紀念館」，那是以金恩博士在一九六八年四月四日被刺的洛林汽車旅館（The Lorraine Motel）所改設的紀念館。金恩博士生於一九二九年一月十五日，是一位美國牧師、社會運動者、人權主義者和美國黑人民權運動領袖，他也是一九六四年諾貝爾和平獎得主。他主張以非暴力的公民抵抗方法爭取美國黑人的基本權利。一九六三年八月二十八日，逾二十五萬的民眾聚集在華盛頓中心國家廣場上，這場大會的口號是「為了工作與自由」，結束種族主義。那場集會是美國史上影響極為深遠的一次集會，那次集會金恩博士發表了非常著名的演講〈我有一個夢〉。

那一天我站在金恩被刺殺的窗口，緬懷這位一生言行對美國乃至對全世界，都極有影響的巨人時，我彷彿聽到了他那篇偉大的演講〈我有一個夢〉：

朋友們，今天我對你們說，在此時此刻，我們雖然遭受種種困難和挫折，我仍然有一個夢。這個夢是深深扎根於……我夢想有一天，這個國家會站立起來，眞正實現其信條的眞諦：「我們認爲這些眞理是不言而喻的：人人生而平等。」

參訪金恩博士被刺的地點，對我來說，實在是對民權人權的追求，一次很深層的思想體驗。那一個月的參訪，讓我有機會深入看到美國種種進步的狀況，讓我見識到美國國家的力量，也讓我思考到臺灣眞的還有許多尚待我們努力的事業，也讓我確認我們必須義無反顧地追求民主與進步的價值，那眞是我人生中一次志業的惕勵之旅。

●在白宮與蘇葆立見面

那次美國行，另一個重要的參訪，則是訪問「美國國家安全會議」及「美國國防大學」。那一次我進到白宮與美國國家安全會議，美方安排我與美國國家安全會議，主管亞洲事務的亞洲主任蘇葆立（Robert L. Suettinger）直接面對面的會談。

蘇葆立從一九九四到一九九七年任職於白宮國安會，在柯林頓時代是美國對臺灣與中國關係的重要幕僚，與臺灣的淵源甚深。他離開公職後，二〇〇三年時寫了一本著作《天安門以後的美中關係》，曾經透露了在臺海危機時，美國所面臨情勢的嚴峻與危險，美國總統柯林頓派出「獨立號」與「尼米茲號」航空母艦緊急開往臺海時，他說這是美國爲維護臺海安全應變方案中「最低」的一種，但仍是越戰後，美軍在亞太地區最大的展示。一九九八年六月柯林頓訪問中國時，在上海說出「三不政策」後，美方爲了彌補，曾派人專程來臺處理傷害，此人即蘇葆立。

蘇葆立對臺灣極爲了解，我雖然對他提出很多美國應鼓勵臺灣的種種方針與作爲，這些我在本書後面還會再談。但他深知臺灣朝野對立，立刻以國民黨的說法打斷我的訴求，問說美國要聽哪一方的說詞。他很明確地對我說，美國處理兩岸關係，最終考慮都是美國的利益，所以不必告訴美國必須如何又如何。那次會談讓我深深警覺到美國對兩岸關係的強勢態度，更不用說國內如沒有共識，很難在國際間施展或說服別人，所以臺灣要追求成為一個正常的國家，還有一段我們需要奮鬥不懈，用很長時間去走的路程。

●「二二八」五十週年大遊行總指揮

美國國務院因為預測我可能從政而邀請我去訪問一個月。他們的觀察十分精準。我回國後，一步步地走向政治領域發展。一九九七年，以「臺灣教授協會」為主的社運團體舉行「二二八」五十週年追思夜省燭光大遊行時，我擔任總指揮；一九九七年五月十九日「民間憲改監督聯盟」成立，我擔任發言人，其後又擔任國民大會憲政改革擴大諮詢會議學者代表；一九九八年陳水扁競選臺北市市長連任時，我曾擔任婦女總部發言人；二〇〇〇年總統候選人陳水扁的知識臺灣助選團，李鴻禧教授擔任團長，我則出任副團長。二〇〇〇年三月十八日陳水扁當選總統，臺灣首度政黨輪替。陳水扁總統當選的當晚，舞臺上歡欣鼓舞，大家都非常興奮。

完成了政黨輪替的心願，我安心地遠離臺北政治中心南下高雄，協助謝長廷市長。我在二〇〇〇年四月十七日，從國立中興大學法商學院借調到高雄市擔任新聞處長，且因謝長廷的賞識與提攜，二〇〇三年一月一日高雄市文化局成立後，有機會擔任首任文化局長。接著到二〇〇四年四月十七日兩次四年借調期滿，我認為高雄團隊好不容易翻轉了高雄過去的形象，大家還有許多未竟志業要努力，所以不該散掉，遂辭去臺北大學的專任教職，專心服務於高雄市。沒多久同一年，又受到謝長廷市長的鼓勵與支持，而我也認為高雄確實需要一位能為高雄準確發聲的國會議員，就毅然出馬參選立法委員，二〇〇四年九月十五日為了參選立委，我義無反顧辭去文化局長等所有本兼職，從一九七九年十一月一日回到母校服務起算，到高雄市文化局長辭職參選立法委員為止，我一共服務公職滿二十四年十個月又十五天。

●民進黨第一位參選區域立委的女博士

那一年，因爲民進黨從未有女博士參與區域的選舉，也鑑於過去曾經有女性在高雄參選立法委員，卻弄成裸體或有色的議題，廝殺得昏天暗地，我決定改變這種型態。所以我就以「高雄新形象．第一女博士」爲訴求參加民進黨的初選。很順利地，我在民進黨的初選中，以黨員票及民調兩者加總，獲得最高的支持度而獲提名。大選時，我以「友善高雄．寶貝臺灣」「請支持帶動進步的人」爲文宣主軸，在高雄市第一選區（楠梓區、左營區、三民區、鹽埕區、鼓山區、旗津區）當選第六屆立法委員，我很榮幸成爲民進黨創黨以來，第一位參選區域立委的女博士，也是民進黨首位在高雄市提名並當選的女性立法委員。

●不分黨派，創造高雄時代

二〇〇八年，第七屆立委選舉改制（單一選區兩票制，席次減半），我選擇在高雄市第二選區（三民區民族路以西、鹽埕區、鼓山區、旗津區）參選，那次民進黨初選，我獲得極高支持度八十四．三八%獲得提名。那次大選，民進黨推動加入聯合國的公投，民進黨統一的文宣口號是「UN for TAIWAN」「牽手護臺灣．加入聯合國」，而我則以「不分黨派創造高雄時代」為主軸競選而連任。那次大選我也出了一本小冊子《百年情緒．臺灣加油——管碧玲的相簿》，以照片介紹我自小到大，讀書教書，從參與社運到加入高雄市政府的種種歷程。最後我寫著：「文化與教育是百年事業，關係臺灣的未來，與人民的幸福。管媽願『臺灣成為一個因人民幸福而偉大的國家』。臺灣加油！高雄加油！管媽也要加油！」那一次因民進黨整體氣勢不佳，民進黨當選席次並不理想，而我則只小贏對手二千多票過關連任。但我首度揭諸我願「臺灣成為一個因人民幸福而偉大的國家」那樣的願景。

第八屆立委選舉，大高雄合併，原選區區域不變，但選區名稱改稱為高雄市第五選區，我以「青春無敵、勇敢築夢」鼓勵大家勇於為臺灣的理想奮鬥為競選主軸再度連任，這次則贏了與上次大選同一個對手兩萬多票。我在《青春無敵・勇敢逐夢》的小冊子上說：「飛行一直是人類自古以來的夢想，直到一○八年前，一九○三年十二月七日，萊特兄弟經過多年的夢想與試驗，終於讓人類第一次利用動力機器穩定地飛上天。今天人類不但可以超音速飛行，登上月球，更已經有飛行器與探測車到達遙遠的火星。」

●人類因夢想而進步，而偉大

高雄有一位麵包師傅吳寶春，他夢想有一天要烘焙出世界上最好吃的麵包，他做到了。二○○八年吳寶春參加在法國巴黎舉行，素有麵包界奧林匹亞的「樂斯福盃麵包大賽」（Coupe Louise Lesaffre）奪下世界銀牌，同時吳寶春拿下了歐式麵包的個人優勝。二○一○年吳寶春參加在法國巴黎舉行的首屆世界盃麵包大師賽（Les Masters de la Boulangerie），吳寶春打敗其它國的選手，榮獲歐式麵包組世界冠軍。今天他在高雄的麵包坊，顧客川流不息。最近大家都知道的真人真事，魏德聖導演一心一意想要拍出一部他夢想中的電影，在他窮極沒有經費的時候，甚至還借了兩百萬元，去拍一部五分鐘的試片，告訴大家他想拍什麼電影。後來他做到了，《賽德克．巴萊》當年甫推出，即造成紀錄與轟動。

這些勇敢築夢的故事，都可以是「人類因夢想而進步，而偉大」這句話的註解。我也說了以色列前總理比金與東帝汶建國鬥士霍塔的故事。

●史詩般勇敢逐夢的故事

以色列前總理比金（Menachem Begin）生為猶太人，早年在波蘭、蘇聯、立陶宛、納粹德國的動亂戰爭之間，被捕、入獄、從軍，顛沛流離，讓他覺悟必須投入猶太人的建國運動。最後他投入以色列的復國運動，成為恐怖暗殺、爆炸組織Irgun的領導人，一九四六年曾策畫了七月二十二日在耶路撒冷大衛王飯店的大爆炸，炸毀巴勒斯坦託管政府的英軍總部，以最血腥恐怖的手段對付英國人。該爆炸死亡九十一人，引起英國輿論呼籲撤軍，最後英國終於在一九四八年五月十五日從巴勒斯坦撤出部隊。

據說比金爲了掩人耳目，逃避英軍追捕，大白天都在睡覺，鄰居看到他都是一副無業、懶洋洋的無賴模樣，當年其夫人艾麗莎（Aliza Arnold）的親友都譏笑她嫁了一個無所事事的懶惰丈夫。但等到以色列建國後，大家才恍然知道原來她的丈夫是建國英雄。比金一生大起大落，以色列建國後，一九四八年他曾創立右派的賀魯特（Herut）黨，一九六五年結合賀魯特（Herut）與自由黨（Liberty Party）創立了嘎哈（Gahal）右派聯盟，一九七三年再擴大整合成利庫得（Likud，意即鞏固）聯盟，一直扮演反對黨的角色，但終於在一九七七年扳倒了以色列建國後三十年左翼勞工黨聯盟的執政。

利庫得聯盟執政後，以色列基本上開啓了偏右翼集團與偏左翼聯盟的輪政，徹底改變了以色列的政治與社會結構。作爲激進強硬的鬥士，他一生從未迴避撇清他曾是恐怖主義者。但比金卻在一九七九年與埃及簽訂了〈以埃和平協定〉，因而與埃及總統沙達特共獲諾貝爾和平獎。

我也說前東帝汶總統暨諾貝爾和平獎得主霍塔（José Ramos-Horta）的故事。霍塔能流利地說東帝汶語、葡萄牙語、西班牙語、英語與法語共五種語言。他一生主要時光都在爲受壓迫的東帝汶爭取獨立自由。他十八歲時即曾因直言批評葡萄牙殖民政府的無能而被逐出東帝汶，之後他又回到東帝汶，但隨即在一九七〇到一九七一年間再度因大肆批評葡萄牙的軍事統治而被放逐。一九七四年，東帝汶宣布脫離葡萄牙獨立時，二十四歲的霍塔出任外交部長，但不久又遭印尼入侵，他在東帝汶遭到入侵前的三天，逃離東帝汶。此後漫長的流亡歲月，他奔走世界各國，並曾在聯合國演講，讓全球注意到東帝汶所面臨的慘況，也讓聯合國通過支持東帝汶獨立的決議。一九九六年，他與東帝汶的貝洛主教，因「爲尋求和平解決東帝汶問題作出了重大貢獻」，同獲諾貝爾和平獎。

東帝汶終於在二〇〇六年經公民投票獲得獨立，再度獨立時，他又出任東帝汶的外交部長，但是貧窮的東帝汶還是動盪不已，二〇〇七年他在動盪中出任東帝汶的總理，隨後在那年當選再度獨立後的第二任總統。

二〇〇八年二月十一日他突然遭到叛軍的行刺，雖然傷勢很嚴重，而被緊急送到澳洲達爾文港醫治，兩個月後才痊癒回國。儘管東帝汶相當動盪，但最後霍塔還是任滿將政權和平轉移。二〇一三年一月三十一日他因國際聲望卓著，被聯合國徵召爲特使去領導「聯合國幾內亞比索和平鞏固整合辦事處（UNIOGBIS）」，協助處理幾內亞比索自二〇一二年四月政變以來的政治動亂。

一九七九年高雄事件發生後，臺灣開始展現一段波瀾壯闊的民主化歷程。許許多多人走上街頭，犧牲奉獻，要求解除戒嚴、解除報禁、解除黨禁、國會全面改選、總統直選，終於使臺灣變成一個自由的國家。人民的權利及尊嚴，相當程度獲得保障，這也是今天我們國家能進行總統與立法委員選舉的過程，那過程我也幾乎無役不與。這也是一段波瀾壯闊，勇敢築夢，屬於臺灣，也是屬於我「青春無敵、勇敢築夢」的故事。

對於臺灣因爲中國的打壓而遭遇的國際困境，我衷心期盼我們年輕人，也要有長期奮鬥如同比金，如同霍塔一樣勇敢逐夢，去追求人生中最偉大的理想。讓我們的下一代因我們的努力而驕傲，讓臺灣成爲一個正常的國家，讓臺灣成爲一個因人民幸福而偉大的國家。

●國會最有力量的聲音

第九屆立法委員選舉，我的選區不變，而我則以「國會最有力量的聲音」爲主軸，細數我過去揭發的弊案與造假事例、糾舉的人事爭議，與推動改革而引起相當大迴響的問政。這次大選在選前國內外已經普遍預測國民黨將大敗，不但總統將敗選，在立法院也將首度失去多數的地位。二〇一六年一月十六日投票結果，果然民進黨不但贏得總統選舉，也首度在國會中贏得過半數，且是穩定的安全多數，總共當選六十九席，民進黨在一九八六年九月二十八日成立之後，將滿三十年之際，首度成爲完全執政的執政黨，我大學畢業前後，開始建構追逐的少女青春夢，可說終於實現。

第三章

根的聲音，在高雄呼喚

來高雄是根的呼喚

我的父母在我出社會後，相繼過世，到二〇〇〇年時，父母雙方的兄弟姊妹，父親這邊只剩下一個姑媽，母親這邊也只剩下一位姨媽還健在，而她們都是高雄人。姑姑嫁到六龜，姨媽嫁到林森一路，冥冥中我血液中的源頭，全部都在高雄。而我，因緣際會，如同尋根之旅一般，也來到高雄，在姑媽、姨媽的晚年，我可以陪伴她們，盡晚輩的孝道，也成爲她們的驕傲。一轉眼，我成爲高雄人已經長達十八年了。延續姑媽和姨媽在高雄的根，我也根植高雄。小時候和媽媽來高雄探望阿姨時，和表妹去大統百貨頂樓看白雪公主的時鐘的景象，突然鮮明起來。高雄市是我這個鄉下小孩心目中偉大的都市，小時候美好的記憶，竟然成爲一種力量。

謝長廷市長一九九八年當選那年，我沒有參與選戰，而是在臺北擔任陳水扁市長競選連任的發言人。陳市長落選的感恩晚會上，謝長廷市長當選人來溫暖的站臺，在舞臺上，謝長廷看到我，輕輕問一句：「高雄市政府會需要女性首長，管教授（當年大家習慣這樣稱呼我）願意下來嗎？」由於事出突然，我愣了一下，謝市長的話那時突然被人打岔進來，所以第一次我和高雄的「邂逅」，還沒開始就結束了。直到二

○○○年一月，陳水扁市長參與總統大選，民調顯示當選在望了，當年一同進入黨中央義助民進黨的「五博士」之一林向愷，有一天向我表示謝市長有意願請我協助擔任他的新聞處處長，我經過思考，突然有一股內在的熱情，驅使我願意與謝市長會談。

●我安排菊姊「出嫁」

我和謝市長在二○○○年一月的某日，在市府對面的「寒軒」會面。謝市長看得很精準，他告訴我總統選舉的民調趨勢很清楚，我們一定會當選，屆時市府一定會有幾位首長北上，他會缺人，並且會缺女性首長，他邀請我來協助他。謝市長知道許陽明是正義連線陳水扁之後的第二任秘書長，從政是屬扁系的屬性，所以他很客氣地說，他也知道陳水扁如果當選，一定也有可能會希望我去中央政府幫忙，謝市長說，如果這樣，他可以諒解。

我記得我這樣告訴謝長廷市長，我說：「民進黨必須長期執政，才能落實我們對社會改革的整套理想，像宜蘭模式，十六年、二十年下來，宜蘭的綠色執政才能深入人心，成爲一種共識，發展成一種路線……」我說：「民進黨如果要長期執政，有四個人要很強，而且要團結合作，陳水扁、邱義仁、蘇貞昌和謝市長，您們能團結，民進黨才能夠長期執政。」懷著這樣的思考，我決定要協助謝市長。

一方面是血緣的根在呼喚，一方面是對臺灣能徹底改造的期待，我踏上高雄的土地，在二〇〇〇年四月十七日就任新聞處處長，並且很快地以新聞處處長的身分，替社會局長的菊姊做了一個美麗的花環，帶著市長到社會局舉辦了「嫁女兒」的記者會，歡送菊姊北上擔任勞委會主委。謝市長在二〇〇〇年一月份，看到女性首長會有人北上，市府需要新的女性首長，指的就是菊姊，而我正是接替菊姊的人，市府女性首長的缺額先由我填補，隨後蘇麗瓊局長就任，女性首長再添一名。菊姊離開時告訴我，她說高雄有兩件事情一定要做好，一個是好好保護柴山，一個是愛河一定要清，菊姊說，這是她一直向謝市長報告的事，要我記得這兩件事。

●做「高雄價值」的化妝師

二〇〇〇年答應謝長廷市長的邀約後，我知道自己身負重任，心裡也很是忐忑不安，不知道能不能將工作做好。但是，既然答應了就要全力以赴。就任前幾天，我先到高雄住幾天，了解所有狀況後，在上任前一天召開一場記者會。我告訴大家，不要把我當成謝長廷的化妝師，我不要變成包裝市長個人的處長，我當然要做市府溝通的橋樑，然而，我要做的是高雄價值的化妝師。我說：「高雄這座城市，在長期重北輕南的情況下，我們是一座悲情的城市，可是我們卻是個偉大的城市，所以我們要去發覺高雄價值，讓高雄價值成爲我們的驕傲，我要做高雄價值的化妝師。」新聞處同仁聽了都很感動，我分享和他們一樣的價值，讓他們爲高雄價值而服務，我不要他們把我當成是政令宣導的長官。

另一方面，我也了解當時的新聞處和新政府還沒有融爲一體，大選的時候，新聞處是吳敦義的作戰部隊，一年多下來，還是跟謝市長的新團隊十分對立，我深知唯有抓到正確的核心價值，才能讓他們和市府團隊成爲伙伴，爲共同目標「高雄價值」一起奮鬥。我很感謝謝市長支持我的路線，不以赤裸裸的包裝他爲主要的工作。當時我也對市長說：「我要做高雄價值的化妝師，不要只是做高雄市長的化妝師。」因爲我知道，當年臺灣各地的新聞處，大部分的工作都是在包裝市長個人的形象，這不是我要做的重點。我要做出高雄的價值，如果我以高雄價值作爲新聞處工作的重點，將來所做的成績還是會回到市長身上，他慷慨允諾。高雄價值確實需要加強論述，我至今印象深刻，有一次李遠哲院長的夫人來高雄，我去接她，她看到高雄的馬路這麼寬，嚇了一跳，高雄的格局完全超乎她的想像，她以爲高雄是鄉下地方。我相信對高雄有誤解的人非常多。所以高雄的價值應該被論述，被肯定才是新聞處的首要工作。二〇〇〇年春天，我就這樣對高雄市 Say Yes，說：「高雄我來了！」

所以我就任後做了很多事，都是圍繞著尋找與肯定「高雄價值」。那時高雄市文化局尚未成立，我如身兼文化局長的角色一般，不斷地去把高雄的光榮感找出來，例如市府出版的《高雄畫刊》，我將它變成是一個非常有文化的刊物，談論高雄的人物、歷史、產業，找回高雄人的城市光榮，在那本市府出版的櫥窗刊物中，裡面開始很少看到謝長廷市長的照片。同時，我在裡面開闢一個新的專欄，叫做「城市英雄」，尋找城市裡值得被鼓勵及肯定的英雄人物。

●城市英雄，尋找城市光榮感

結果，第一個獲得市長頒發的城市英雄是莊朱玉女阿嬤。她在高雄港賣了長達五十年的自助餐，只要十元，就能讓碼頭工人吃到飽，繼續做辛苦的體力勞動。雖然只花十元，但菜色並不馬虎，有四菜一湯，包括白飯、魚湯、肉、蔬菜等，營養均衡。阿嬤來自澎湖吉貝，年輕時和先生移居高雄，先生後來在高雄港當起碼頭工人，她看到這些工人收入少，生活又很辛苦，於是準備便當或自助餐讓他們免費吃，後來因爲花費太大，才改收十元。爲了提供他們豐富的菜色，阿嬤賣了七棟房子，被譽爲「窮人守護神」。「十元便當阿嬤」的故事感動了許多人，所以第一個「城市英雄」就頒發給她，表揚阿嬤的善舉。《高雄畫刊》報導刊登後，《讀者文摘》亞洲版來信希望能轉載，阿嬤的故事也在亞洲被更多人看見。

第二個頒發的「城市英雄」是KURO，牠是一條黑狗。從一九九二年開始，這位英雄連續十多年都到山上撿垃圾。柴山是高雄人喜歡去爬山的地方，爲了守護這座山，希望大家能把垃圾自己帶回家，所以沒有垃圾桶，也沒有廁所。於是，高雄人發展出柴山的志工文化，有人每天背十公斤的水上山，KURO則是被牠的主人，一位老牙醫吳振祿，每天帶著牠走一趟柴山撿垃圾，並且由牠背下山。後來，我安排送牠的禮物是健康檢查一次，結果發現牠有心絲蟲症，也把牠治療好了。後來牠還紅到海外，KURO的主人因爲牠而聲名遠播，大家都叫他「KURO爸」。有人替KURO取名爲「柴山靈犬」，前幾年牠去世的時候，謝長廷院長特地回高雄看牠，牠的遺體據說還燒出舍利子。

在做這些事的過程中，我逐漸和我的人民建立起情感。KURO爸的兒子吳坤龍及伙伴張春婕經營了一間錄音室，製作廣播節目。有一次他找我幫的忙讓人好感動，他要我替視障者「說」電影。視障者是沒辦法「看」電影的，當他們去電影院時，要有人向他們說劇情、口白，做這件事讓我覺得好有意義，因爲我非常喜歡說故事。KURO爸的兒子所做的「聽電影」專輯，我兩度參與，還兩度都獲得廣播金鐘獎。我也相信，故事本身就能傳達出許多意義，讓人們認同及感動。透過挖掘，我讓市民看到高雄的價值，這是一座值得讓人頌揚的城市。

●金馬獎首度到高雄

要找回一座城市的自信，舉辦國際級的活動是很好的方式。到高雄後，我爭取要將國際大型活動拉到高雄舉辦，無論遇到多大的困難和阻力，都要盡力做到。在積極努力下，我們爭取到二〇〇二年臺灣與華語電影界年度盛事之一的「金馬獎」首度離開臺北，到高雄舉辦。頒獎典禮在文化中心舉行，那一年的主持人爲一港一臺組合，由鄭裕玲和蔡康永主持。金馬獎，對民衆來說最興奮的莫過於看著明星走過「星光大道」，在那一天，高雄民衆只要到文化中心，就能親眼目睹臺港中明星的風采，不用北上或飛去國外追星。活動進行間，透過電視鏡頭實況轉播，當晚全國民衆都將視野焦點放在高雄舉辦的這場年度盛會，大大增加高雄的能見度。

臺灣每年過年最盛大的活動就是元宵節的燈會，二〇〇一年及二〇〇二年它來到高雄舉辦。這是由交通部觀光局主辦的活動，謝長廷市長向陳水扁總統積極爭取要由高雄舉辦，爲了南北平衡，後來臺灣燈會變成所有縣市輪流主辦。這場燈會，盛況空前，許多民衆爲了看燈會，專程到高雄，在那一個月燈會期間，高雄好熱鬧，整座城市展現出朝氣蓬勃的氣息。二〇〇三年十二月我也爭取臺北故宮博物院的三寶，翠玉白菜、清明上河圖及肉形石等「鎮館之寶」到高雄展覽三個月，那是三寶五十年來首度「出宮」南訪，也是這三寶有史以來，唯一一次在一個場地同時展出，清明上河圖並且是第一次全本展開來展示。

後來，我也成功爭取了金曲獎首度離開臺北到高雄舉辦。另外，世界三大男高音演唱家之一卡列拉斯也首度離開臺北來高雄演唱，演唱會全程的伴奏都是由高雄市交響樂團負責。要能夠替卡列拉斯伴奏，代表高雄交響樂團有一定的實力，卡列拉斯說：「我很高興終於有機會能跟當地樂團合作。」他於一九八八年罹患血癌，長期對抗癌症，邀他來臺灣演出，機會相當難得。我們也讓高雄歌迷有機會一睹大師風采，在家鄉就能聆聽到國際大師動人的歌聲。這一次演出也締造了一次紀錄，就是世界三大男高音在臺灣第一次離開臺北演出。我將這場演唱會拉到戶外，至德堂廣場的聽眾，從頭到尾鴉雀無聲地欣賞，和室內的聽眾一模一樣，他們展現了高雄人的素養，第二天，贏得媒體很大的讚揚，我們就這樣，點點滴滴，越來越對高雄感到驕傲。

●愛河文化流域的建構

卡列拉斯、金曲獎、金馬獎、故宮三寶……這些大型活動的爭取，對我而言不是爲了湊熱鬧，我的內心，強烈地在爲高雄人爭取文化平等權，從文化面去除以臺北爲中心的文化觀，爲高雄人的文化接近權而努力，這種思想既熱切又強烈。二〇〇一年六月爲了「亞太文化之都」，獨尊臺北矮化高雄的事，我和臺北市政府的對口金溥聰的一場舌戰，最能說明我任職新聞處長背後堅持的哲學觀，和對這個角色所賦予的意義。高雄價值、城市的光榮感這些觀念，至今已經耳熟能詳，而最初，是怎麼被喚醒的？這場舌戰，說明了一切觀念的核心：用文化平等權的實踐與奮戰，我企圖把高雄不斷地拉高到要與臺北平起平坐。

二〇〇一年臺北市取得亞太文化之都舉辦權，這是展現臺灣文化與國際交流的機會，當然値得肯定與支持。但是臺北市在這重要的國際活動中，透過組織架構的安排，顯示出臺北市與其他縣市的上位與下位關係，矮化了高雄市與其他縣市。當時高雄市長謝長廷認爲參與文化活動不能有「北尊南卑」的觀念，因此拒絕參加。但此舉卻遭當時臺北市政府新聞處長金溥聰召開記者會，批評謝長廷是以有色政治眼光看活動，格局太小，金溥聰指責說：「希望謝長廷摘下有色眼鏡，放大格局。」「政治也許是謝長廷生活的全部，但絕非其他人生活的全部。」

而我在代表高雄市政府回應時，指出金溥聰用揶揄諷刺的語言，來對待希望能獲得同等尊重的高雄市，顯示出嚴重的臺北中心主義的文化觀！我說：「高雄市的擔心是到國際上去的能見度獨尊臺北，高雄很希望與臺北作這方面的意見溝通。但顯然地，高雄市政府希望進行的平等主義文化觀的對話，破除臺北文化中心主義、資源分配嚴重不均的用心，臺北市政府完全沒有聽進去。」我並同時呼籲龍應台，希望不要把國際文化活動政治化，而讓國際看笑話。我指出「臺北中心主義的政治觀」，要求「平等主義的文化觀」，捍衛高雄不能成為臺北的小弟，義正辭嚴。回首這些對話，我似乎看到自己當年為高雄價值大聲疾呼的身影。這種力道，大到後來，國民黨甚至要發動裁撤新聞處。

我在謝市長就任一年多才加入市府團隊，前任新聞處長是姚文智委員，他和市府顧問施並璟先生在一開始，就積極推動「城市美學」的市政主軸，他設定愛河沿線要以文化建設為目標，命名「愛河文化流域」，除了愛河的水要清，未來水上還要能行船，沿岸並且需美化並導入文化藝術。這個主軸的力量十分驚人，謝市長和姚文智以愛河燈會切入，啓動愛河整治、愛河咖啡的建置，剛起步不久，我就接任了姚處長的位置。愛河文化流域的主軸，和我長期搶救古蹟美化國土的想法一致，我深深感到契合。所以一上任，就化身爲咖啡服務生，賣起愛河咖啡，並且在河西路十號建立電影圖書館，在美術館園區蓋了兒童美術館，更豐富了愛河文化流域的布局，保護的文化古蹟「臺灣煉瓦會社打狗工場」也還在期待羽化成蝶。我和愛河，有著濃濃的情緣，這種情緣和愛河一起成長。

●蕭泰然愛河交響曲，凌波來愛河唱〈梁祝〉

被譽爲「臺灣拉赫曼尼諾夫：最後的浪漫主義鋼琴詩人」的蕭泰然是鳳山人，他集鋼琴家、指揮家、作曲家於一身。因爲他的樂曲頌揚臺灣，在國民黨政府時代被禁演，甚至被列在黑名單之列，無法回臺。他對政治感到很厭惡，在民進黨執政後才終於返臺，我舉辦了「蕭泰然音樂節」，邀他爲愛河作曲，他完成了〈愛河交響曲〉第一樂章，標題爲「晨曦的高雄」，整支曲子細膩描述故鄉的城市風景，情感豐沛，相當動聽。

那時我和他在愛河邊漫步時，走到河西路七賢路口，他告訴我：「小學五年級時開始會作怪，和同學經常蹺課，常跑來愛河游泳，我就是從那裡（七賢橋頭）跳下去。」二〇一五年，蕭泰然尚未完成〈愛河交響曲〉就過世，雖然遺憾，但也代表他對愛河的感情太深刻，要找到情感的天籟太過困難。後來，我也邀請因《梁山伯與祝英台》走紅的女星凌波到高雄愛河邊演出。一九六三年她因演出這部電影走紅臺灣，訪臺時造成萬人空巷，還要出動軍警憲維護秩序。記者會上，我們安排她和謝長廷市長兩人高歌一曲黃梅調。曾經來高雄演出及拍電影的凌波看到愛河整治成功與市容改觀，大爲讚賞，她說：「高雄眞的漂亮很多。」凌波來高雄的演出很轟動，許多她年輕時的粉絲特意來高雄追星，看到那麼多銀髮族級的追星粉絲能夠跑來高雄，在愛河邊聽歌，實在是很令人感動。

●爲愛河扮「女僕」

因爲高雄是個工業城市，過去還不知重視環境的時代，四周工廠的汙水都往河裡排放，愛河是高雄市內的運河，長年以來因此而變得很臭。以前到高雄，只要聽到「愛河」兩個字，大多數人就會掩起鼻子說「臭」。歷經許多政治人物的整治，直到謝長廷市長時代，它終於被整治成一條乾淨的河川。

爲了行銷愛河，讓民眾知道它變美、變乾淨了，而且已經可以喝咖啡了，新聞處同仁集思廣義，推出「愛河咖啡戀」的構想。要讓民眾來愛河吹著涼風喝杯咖啡，這種事對高雄人來說很不可思議，因爲印象中都還認爲愛河是很臭的一條河，但是我們決定努力行銷，顚覆大家對愛河過往陳舊的印象。在行銷的時候，辦了很多活動，其中一場記者會上，我穿起女僕裝，手裡拿著咖啡四處宣傳。爲了宣傳高雄，我卯起勁來，什麼事情都做，穿著龐克服、跳嘻哈舞，裝扮成古代書生、三明治人、著籃球服，上臺讓人挽面……那時新聞處同仁還封我爲「百變管媽」。對我來說，這是極大的挑戰，不久前我還是一個嚴肅的大學教授，現在卻變成「女僕」，這種轉變其實是反映一種我對愛河深深的愛，也是一種對工作的高度熱情。

爲了讓大家喜歡愛河，我用很快的速度，在愛河邊設了一個「電影圖書館」，這棟樓原本是個危樓，殘破不堪，我提議將它改建，還在每一個影響結構的柱子夾鋼板，內外整治後，變得很前衛、很美麗，現在它是南臺灣唯一的電影資料珍藏館。而我也用一種讓人耳目一新的作法，帶動大家對高雄的全新想像。

●高雄變美了

爲了讓民衆發現高雄變美了，我在擔任新聞處長時，推出不少新手法的廣告。還記得做的第一支廣告是在河堤路拍的：「嫁給你高雄」。內容是講一對年輕人的愛情終於要開花結果了，場景是男生正在對著女友求婚、訴說鍾情。過程中，女友看向窗外，她發覺高雄變得不一樣了、變得這麼美麗。最後她轉過來說：「我願意嫁給你。」其實她是在說「嫁給你，高雄！」還有一次我做了一個廣播廣告，得到很多迴響。廣告很簡單，細數高雄的幾個市容建設，最後說：「高雄變美了，您發現了嗎？」高雄人不斷地在便利商店聽到，才驚覺：「啊！眞的，高雄變美了。」這個廣告深深地喚醒大家的城市光榮感，很多人打電話來回饋，新聞處同仁都感到振奮。不知不覺間，新聞處的同仁感到驕傲了，也越來越喜歡市長了。

謝市長的愛河整治工作相當成功，緊接著要整治的就是高度汙染的前鎮河。愛河是臭，要把骯髒發臭的河川救回來，讓它乾淨、清澈，就是接管，將所有原本要排進去的汙水，全都透過汙水下水道的管道接走，做好汙水處理，河川就會救回來。前鎮河不一樣，它有「黑龍江」的汙名，它的水不但臭，還被聲稱髒到黑黑黏黏，呈現黏稠狀。在謝市長擔任市長之前，傳說高雄有一位議員寫了個書法質詢當時的市長：「你知道這是用什麼寫的嗎？」結果，議員說那是用前鎮河的水寫出來的，這個傳說最足以說明前鎮河的水在大家心目中的慘狀。

謝長廷市長要競選連任的時候，已將前鎮河整治到快完全清澈。我拍了一支宣傳廣告，畫面是前鎮河旁的一排房子，它的河水很臭，所以面對河的窗子從來不打開。畫面裡，房子的窗戶被女主人一個一個打開，女主人走出陽臺，看著美麗河景、愉悅地喝著咖啡。廣告播出後，效果太強烈，引起國民黨陣營的人吐槽說那是假的，是我們撒明礬，並不是眞的將前鎮河整治好。那當然是負面選舉，想抹黑我們。但是，由此可見，這些政績對對手來講造成多大的壓力，有多緊張。

我還做了另一支廣告，讓鏡頭從天空到地底，訴說高雄的幾個第一，包括空氣汙染不良率改善，全國第一名；增加綠地面積，全國第一名；汙水下水道接管率，全國第一名。最後鏡頭來到地底，拍攝高雄捷運施工時，深入地底，正在挖地道的工人。透過廣告，我讓民衆不斷地去發現，高雄變了，正在蛻變，變美、變好了。在擔任新聞處長、文化局長的四年間，我也努力地去發掘高雄的文化元素，出版很多書籍，介紹高雄，包括高雄的客家歷史、創業成功的企業家等，透過這些挖掘及行銷，找回城市的驕傲感。在這個過程中，我跟著高雄一起成長，它長期以來被埋沒，當它醒過來，出落得亭亭玉立的過程，我是陪著她走過的。

我們整個市府團隊，也很有效率地認眞在做，透過一項又一項推陳出新的建設，從自來水的淨化，到愛河與前鎭河的淨化，到下水道的接管率，城市光廊，到劃時代的捷運施工，以及鐵路地下化，到整個都市的未來擘畫，一樣一樣的努力，都建構了民衆對高雄的城市想像，我們改變高雄的城市樣貌，讓市民找回城市的尊榮感，我透過各種方式讓民衆了解，高雄已眞正蛻變了。那時包括市長滿意度和市民光榮感的民調都大幅的上升，也代表我們的努力，得到了市民的認可。

我先帶著大家去發現新高雄，愛新高雄，爲新高雄感到驕傲，在這個過程，我也爲高雄的蛻變感到無限的驕傲。我也用自己對城市的想像和熱愛，拚命做事，所以效率很高，更將高雄的城市悲情轉化成城市驕傲感，眞的把高雄價值做出來，深入人心。

●文化建設如雨後春筍，從廢墟看到價值

我對文化與古蹟有很深的情感。我對古蹟有一種特別的眼光，懂得從廢墟中看到隱而不顯的價值，還原歷史，恢復過往的面貌，讓人們透過古蹟與歷史連結。打狗英國領事官邸建於一八七九年，大英帝國在高雄海邊建立這座英式建築，以山下建築爲辦公室，山上建築爲官邸，期間由一條美麗的登山步道銜接。高雄港是一個優質的深水港，英國人在十九世紀就看到它的優勢地位，在海權發達的時代，已經在這裡布局，蓋領事館、賺關稅，因爲這裡是太平洋航線的中心點，海上穿梭萬商雲集的必經之地。

英國領事館與官邸是臺灣現存的西式近代建築中年代最爲久遠的，是由英國人設計，山上的官邸外牆用花欄石雕、圓拱設計，房內設有壁爐，極爲典雅。經歷多次政權及產權的轉移，在海風的侵蝕下，昔日的建築風華不再，不少地方需要整修。我在

二〇〇三年擔任文化局長時著手整修，隔年英國領事館官邸重新開幕，榮獲建築界「園冶獎都市景觀」第一名。我在二〇〇四年指定登山步道爲古蹟，二〇〇五年，文化局再將山下英國領事館也指定爲古蹟。英國領事文化館園區已經是許多人來高雄西子灣，指名前往的觀光景點，有不少人選擇來這裡拍攝婚紗照，留下一生中最值得紀念的記憶及美麗身影。

搶救武德殿，是讓我感到很驕傲的另一件事。我剛當新聞處長時，一位很敬愛的串門文化老闆鄭德慶，他也是高雄的「歷史拾荒者」，收集了許多與高雄有關的文件資料。謝長廷市長時代，姚文智開始和他有旅遊書籍的合作，這個案子做到一半，我接手後認識他。過程中，他向我提起武德殿，說它是一座很重要的古蹟，但現在破破爛爛快倒了，再不處理一定會被拆掉。武德殿於一九二四年建成，學生們在這裡學習柔道、劍道、弓道等技藝。外觀爲日本傳統寺殿建築，門廊用仿羅馬式的柱子，牆上則有箭和靶合體的圖形，用來彰顯日本人的武士道精神，非常的典雅莊嚴。

●修古蹟，安置了一個婆婆

武德殿位於鼓山國小的正後方，曾由鼓山國小代爲管理，學校就把這棟建築隔間來做教室及教師宿舍使用。但年久失修後逐漸荒廢，漸漸變成廢墟。儘管在一九九七年它就已經被列爲三級古蹟，卻沒人管沒人疼。我去看了以後發現，狀況非常糟，但是由於過去搶救古蹟的經驗，我一看就知道搶救得回來。直到二〇〇三年擔任文化局長，我就積極地協調，花了一年多時間終於修復了。武德殿修好後，要做什麼用途？我不希望這棟建築用來開咖啡廳或餐廳，我想若是能委託高雄市劍道文化促進會經營管理，再適合也不過，更能彰顯武德殿的文化意涵，並能讓古蹟再利用。在我的努力下，武德殿成爲高雄市第一座非營利古蹟委外案例，也是一座以原始功能再利用的古蹟，現在是熱愛劍道人士練劍的場所，連續十多年來，每年舉辦國際劍道交流，最近每年有日、韓、美、德等國二十多個隊伍來參加。

整修這棟建築時，發生了一件插曲。武德殿的前面有一棵大樹，樹幹有些腐蝕，成爲一個樹洞。有一個婆婆就在那裡搭成了間違章，住了很久。在重建時，我們必須請她搬走，但是她怎樣都不肯，只好請來里長幫忙勸說，仍舊沒辦法。於是，就去找她的親人。她只有一個女兒，女兒對於將媽媽接回去也感到很爲難，因家裡沒有空餘的房間可以讓她住。後來，我們就去拜託武德殿整修的承包業者，去她女兒家裡加隔一個房間，讓媽媽能夠搬去住，圓滿地解決了這件事。

●妙招解套，「駁二」夢飛翔

利用古蹟創造文化創意產業的產值，是近年來的顯學。在高雄最知名的就是「駁二」藝術特區的營造。它建於一九七三年，原本是二號接駁碼頭，位於高雄港第三船渠內，是一般的港口倉庫，但因接駁業務轉變而荒廢了。二〇〇〇年高雄市政府想要尋覓一個國慶煙火施放的場所，姚文智和施並環特別針對港邊的舊建物進行了一次空間訪查與盤點的工作，卻在無意間發現這個充滿魅力，深具藝術實驗與創作的場域。而一群熱心熱血的藝文界人士，更於二〇〇一年成立駁二藝術發展協會，催生駁二藝術特區作爲南部人文藝術發展的基地。

囿於消防等法令規章，原來駁二的使用比較單純，只能辦辦展覽。後來，由文化局接手管理，經過幾年的發展，這裡舉辦了一系列活動，吸引許多人參訪，逐漸成為一個知名的藝術聚落。駁二早期的創意是從姚文智當新聞處長的時候就已經開始，那時候駁二只有一、兩棟倉庫，所謂的「再利用」很單純，只是導入藝術家，將它變成「藝術村」的概念，成為藝術的「實驗創作場所」。我因為和我們團隊曾經有搶救臺北華山特區，並倡導成為文創藝術特區的經驗，接手這些計畫後，先將範圍擴大到周邊七賢三路底，蓬萊路上的香蕉棚與棧二庫、棧二之一庫這些倉庫群。我發現這個倉庫群將來可以成為駁二的延伸，可以擴大營造成為文創園區的一部分。

然而，倉庫要再利用成為展覽或營業空間，必須排除建管、消防法規等限制，否則無法使用。我也找到解套的方法，我先將香蕉碼頭、漁人碼頭等高雄港邊的倉庫建築，即香蕉棚與棧二庫、棧二之一庫，這些我國大量出口香蕉時代的專用碼頭的倉庫，經過文資審查登錄為「歷史建築」。當然，這些建物本來就應該登錄指定為文化資產，保存起來見證那個香蕉養活許多臺灣人的時代。另一方面，登錄為歷史建築後，就可以排除建管、消防法規的適用，依文化資產再利用的方式來使用，這些倉庫首先導入餐飲服務業，共同來支撐這區域的觀光需求，這個概念的導入在當時是個突破及創舉，也是駁二能有今天最關鍵的轉捩點。

後來，駁二倉庫群真正大量導入招商及整建，是到了陳菊市長的時代，成了「駁二藝術特區」。這地方歷經了十幾年，從謝長廷市長、姚文智、我到史哲，除了駁二所在大勇路上的大勇倉庫群外，逐漸擴展蓬萊倉庫群及大義街倉庫群，現在已經有二十幾棟的規模，各類型的文創及藝術展演陸續進駐，成為一個非常有特色的文創園區。

●推動城市電影行銷！

在高雄拍攝的《痞子英雄》曾創下票房佳績；《痞子英雄2》也來高雄拍攝，吸引許多影迷來高雄追星，不少人更整理了《痞子英雄》必去的電影拍攝場景，包括美麗島站、中央公園、高雄世運主場、國立科學工藝博物館等。近年來，因為電影，高雄成為觀光勝地，各縣市政府也興起協助電影、電視拍攝等工作。我在當新聞處長時，高雄走在各城市之先，開啓了電影觀光產業化的大門。

早在二〇〇一年，我就舉辦第一屆「高雄電影節」，並創辦了第一屆「南方影展」，鼓勵年輕創作者加入競賽。二〇〇二年三月「高雄市立電影圖書館」成立，「臺北光點」是後來才有。二〇〇三年我再度推出政策，獎勵電影來高雄拍攝。那時頒布了《高雄市獎勵電影製作者至高雄市取景實施要點》，明定影片只要在高雄市取景達總片長四分之一，奪得六大國際影展正式獎項者，包括法國坎城影展、義大利威尼斯影展、德國柏林影展、美國奧斯卡金像獎、日本東京影展、韓國釜山國際影展，可以獲得一千萬元獎金。

除此之外，高雄市政府隨後於二〇〇四年成立全國第一個電影事務委員會，由市長擔任主任委員，委員包含市府各局處及業界，它的成立宣示高雄市政府對於電影產業的支持，並代表市府會全力協助電影業者到高雄拍片。後來，各縣市也仿效設置。那時，蔡明亮導演正在籌拍新片《天邊一朵雲》，他得知有千萬獎勵金，決定將部分場景拉到高雄拍攝。拍攝過程中，高雄市政府全程協助，開創了日後電影協拍的模式。二〇〇五年，這部電影勇奪「柏林影展銀熊獎」，也是首位獲得千萬獎金的導演。

高雄的電影發展，要從謝長廷競選高雄市長說起，選舉時他思考各項產業發展，希望能以觀光、生物科技、軟體、影視等，取代原有的工業。當時高雄被稱爲「文化沙漠」，而電影是能夠彰顯市民生活、影響力最大的文化產物。謝長廷的政見是設立電影圖書館，我把它擴展成節慶、影展和獎勵措施。爲了「高雄電影節」「南方影展」和「高雄市立電影圖書館」的籌設，我經常向郭南宏導演請益，他提出兩個很好的建議，第一是高雄可以主辦國際級的影展，其中還要包含交易中心，讓它不僅僅是影迷觀影的影展，還能做爲商業用途。第二是他認爲南臺灣的氣候非常良好，很適宜拍片，應該要籌設影城。

●未完成的電影夢

現在，「高雄電影節」是臺灣一個大型電影節，僅次於金馬獎與臺北電影節，爲臺灣前三大影展之一，也是南臺灣的年度盛會。而「南方影展」每年更是吸引四百部以上的影片參展，《無米樂》《翻滾吧！男孩》，都是在「南方影展」得獎的影片。我也積極向中央政府爭取讓高雄成爲影視重鎮，並不斷大聲疾呼，要求中央在高雄設「國家電影文化園區」。因爲比起臺北，高雄更適合拍片。臺灣電影的拍攝重心大多在臺北，但是臺北多雨、濕熱，天候不佳。而高雄非常美麗且多元，有海洋、山巒、田野、愛河等美景，可說山、海、河，全都匯集在這座城市中，氣候更是無可挑剔，是絕佳的電影拍攝場地。我從二〇〇六年在全國首度倡議設立「國家電影文化園區」後，歷經被攔截、被邊緣化至今，這個夢想還沒有實現。

我對電影的重視源於在北投社區營造的經驗，北投曾經是臺灣早期拍攝臺語電影最重要的地方，全盛時期大約生產過上千部電影，因此有人稱北投是「臺灣電影的好萊塢」。一九九六年，我們曾呼籲「金馬影展下鄉」，最後爭取到「金馬影展兒童動畫影片」首度下鄉到北投來公演，我們募款在北投公園舉辦了由我主持的「金馬影展兒童動畫影片戶外觀摩會」，也在尚未通車的新北投捷運站，舉辦了「北投與臺語片資料展」等與電影相關的活動，讓居民一起參與。為了舉辦「北投與臺語片展」，我們也募款修復了在北投拍攝，已經酸化的《溫泉鄉的吉他》老臺語片，也因此在國家電影資料館中，發現許多已經酸化的老電影，處在奄奄一息的毀壞邊緣。於是，我們也開始呼籲搶救這些片子，並拜託當時的立委王拓，向行政院爭取經費，讓國家電影資料館修復這些酸化的影片。

《溫泉鄉的吉他》影片修復後，我們還在北投公園舉辦《溫泉鄉的吉他》重見天日首映會。播放時還對照電影中的場景，說明那些場景現在的狀況，做影像與土地的回顧展。透過電影，我們看到許多已被破壞的北投美好景致，民眾懷念過往的時光場景。我們將電影，視為對北投歷史建構的一部分，它可以說是那個時代最清晰的北投記錄，會讓人對這片土地有著更深的認同感。而藉由電影播放，也能讓居民喚起社區意識，表達重建北投溫泉鄉的重要性，希望能藉此讓大家一起搶救珍貴的臺灣電影文化資產。

辦這些活動時，我發現電影很容易營造城市的驕傲感，創造文化的認同感。對一個國家而言，它的重要性不言而喻。包括國家、社會知識分子，怎麼認知社會問題，要如何去調理社會秩序，電影、文學、藝術，都是非常有力的工具，而在其中，電影是最有力量的工具。電影是任何一個國家發展深層文化、最有力量的討論工具，它死掉的話，這個國家的文化跟文明就會失去自我描寫的支柱，沒有辦法去討論自己社會的事情。所以，支持電影，相當重要，我也願意做為其中的一分子。我常說的一句話就是：「沒有電影就不會有民族」，所以臺灣電影要復活，而高雄就是臺灣電影復活的「迦南美地」，這個夢想我不會放手。

●蓋兒童圖書館，創辦文學獎

擔任文化局長一年九個月，在我推動下，整修了英國領事官邸、武德殿；蓋了高雄文學館、兒童美術館，和五間「兒童圖書館」，還將文化中心的圍牆拆除，成爲更易親近的文化開放場所。我萬箭齊發，不到兩年能夠做這麼多硬體建設，文化局長效率這麼高，我是其中的少數，但是，文化建設，軟體與硬體一樣重要，我因此也創辦了「打狗文學獎」。

我很喜歡文學、讀小說、說故事，這些對一個國家、一座城市的人民來說很重要，尤其透過故事，可以啓發人心，學習做人做事的道理，對小孩來說，說故事是最好的倫理教育。我的兩個女兒都是自己帶大的，婚後有長達十四年時間家裡沒有電視，我不想讓電視綁住她們，影響家庭生活。因爲一直看電視，家人間就不會互動。因爲沒有電視，晚上我就會陪孩子玩耍，講故事給她們聽。我覺得親子閱讀很好，大人與小孩一起閱讀一本書，是最好的親子互動和家庭教育。

每天我都會唸故事給她們聽，我是一本一本的唸，不是唸短篇，是唸整本，唸了七十幾本。記得有一次唸《乞丐王子》給女兒們聽，唸到有一段乞丐被當成是王子，住在宮中，過著榮華富貴的生活，但是因爲他忽然不見了，讓在家鄉的母親很著急，四處找他都找不到。有一天乞丐王子出巡，他打噴嚏的小動作被母親認了出來，在人群中拚命喊他，兒子在轎子上聽見了，掙扎後決定不理會母親，繼續假扮王子接受衆人歡呼。當女兒聽到這段的時候很生氣地說：「他怎麼可以這樣，他好壞，他是壞人。」我聽了就回答：「有時候人也會很軟弱，說不定他不是壞人，那時候他就是會猶豫不決。」

這種對話是很深入地在談品德、在談人性，還能將大道理轉化爲無形，我們不要道貌岸然地去講什麼理論和道理。至於每一篇故事裡到底蘊含了什麼道理，在讀的剛開始並不曉得，直到孩子發問、出現這樣的對話，才有了教育和分享。我打造兒童圖書館，創辦「打狗文學獎」，內心根植的就是對文學的力量有強烈體認。

●我要成爲「魔法阿嬤」！

我的人生充滿了文化的滋潤，我很喜歡文學、電影、古蹟保存，還爲此特別關注去修了《電影法》和《文資法》。我覺得做得還不夠多，這些文化的領域在這個社會還太邊緣，不受重視。如果有機會，我在分配資源時，我會優先將資源分在文化這一塊，不只是文化建設，還有文化活動，文化創造的所有領域。當這個國家還有孩子願意去寫小說、寫詩、有人想拍電影、寫劇本，政府不能不給他們機會，讓他們將這些當成是人生的志業。然而，我覺得這些人目前在這個國家得到的支援，還是太少了。

衛武營、國家藝術文化中心，也是我在高雄市擔任文化局長時躬逢其盛，得到中央陳郁秀主委和張景森副主委的支持，爭取到的建設。這是我內心對這座城市的定位，將工業、商業、環境與文化結於一體。高雄所在的位置非常適合發展文化觀光，實際上，高雄也具備這樣的水準。在全世界發達的、有競爭力的國際都市，都是海空一體，運用國際型港口、加上空港，帶動城市發展。倘若觀光客來到高雄，可以有捷運到屏東、臺南遊玩，可以搭乘高鐵可以體驗臺灣一日生活圈，深入其他城市。當政府集中國家資源建設高雄，就能讓高雄發展成爲一個絕對不一樣，具有國際格局的港都。國際觀光客「南進南出」或「南進北出」，讓高雄眞正成爲臺灣的國際門戶，擠身國際大都市。這個夢想，要藉硬體的建設之外，也要藉文化的力量來創造魅力。

在高雄市府才短短的四年四個月，我只不過擔任兩個局處的首長，但是我所做的事絕大多數都是開創性的，都是第一次或第一個，我不只是一個執行者，我期許自己做一個開創者，我有很強的執行力，但是，我更砥礪自己要有很強的領導力。這四年多的歷練，也讓我和高雄的命運扣得緊緊的。我在電影圖書館開幕時，我宣示：我退休後，要成爲電影圖書館的志工，我將在高雄終老。我不只做一個志工，我會守護我所有的政績，我應該也很快地，會帶著我的孫子去兒童美術館、兒童圖書館，去文學館、去看街頭藝術，展現「阿嬤的驕傲」。我希望將來，我的小孫子會把我當作「魔法阿嬤」！

第四章

土地的靈魂

臺灣從十七世紀大航海時代，揭開有文字記載的歷史序幕以來，歷經荷蘭、西班牙、鄭氏王朝、滿清、日治到國民政府，這塊土地上的人民，篳路藍縷，流血流汗，歷經各種不同的政權統治，直到這三十多年，才終於一步一步建立了，以這塊土地與人民爲主體的民主憲政。土地與人民無法分割，在時間的長河裡，其所累積的環境、文化與歷史，即是這塊土地與人民的總資產。珍愛土地與人民的環境、歷史與文化，我們應盡力尊重與愛護在這塊土地上，人民在時間的洪流中，所累積的文化與歷史，我認爲這就是土地的靈魂，我們保護它，進而讓我們的生活與視野更加厚實。

●火車站的穆斯林開齋節

在我立法委員的問政生涯中，有形無形的文化資產保存，長期累積爲一個問政主軸，我成了對文化感應最敏銳的立委。因爲我的文化觀，使得相關部門改變了他們的觀念，也豐富了很多政府官員的文化思維。

二〇一三年十二月的一次質詢很足以爲代表。在那幾年，我們每年都會在臺北火車站大廳，看到穆斯林外勞聚集慶祝開齋日，到二〇一三年時，輿論出現一些把這種現象視為火車站大廳被穆斯林「占據」的誤解，表現出對他們不滿的負面情緒。我因此在二〇一三年十二月十五日質詢交通部和臺鐵，我要求臺鐵要以移工多元文化的精神，比照現行政府機關運用車站大廳作為政令宣導的方式，主動邀請團體辦理文化活動或展示；我的質詢強調，我們要分享異國文化，「知就有愛」，應該讓每年的這一天是歡樂的節慶，而非怨懟的出口。

我認為臺灣四十五萬外籍勞工，其中近二十萬為穆斯林，開齋節是穆斯林傳統親人團聚的重要節日；由於地緣便利與場地空間特性，近年每逢開齋日，上萬外勞聚集於臺北火車站形成特殊景象，但臺灣社會卻因缺乏認識而視為異文化之占領；二〇一二年更發生臺鐵以「紅龍」區隔大廳阻擋，雖然二〇一三年臺鐵已無此舉措，但仍有民眾甚至檢察官不滿外勞眾多影響旅客。這其實是公部門未體察趨勢及體貼使用者，消極不管理而衍生的文化衝突。

我說穆斯林在臺北車站大廳的節慶，每年也就這麼一天中的一段時間，臺鐵應視之為臺北車站的文化特色，主動配合，以展示及文化活動的方式，讓臺灣社會了解此一穆斯林傳統。我強調「知就有愛」，臺灣人民如果能有機會了解這是旅外底層勞工每年一次的家鄉傳統文化活動，絕對欣然接受；而少了衝突與排斥感，活動型態內容也更能受到管理。曾任臺鐵局長的交通部常務次長范植谷一口承諾會積極辦理，他更透露以前在泰國進修時結識許多好朋友都是穆斯林，他非常能接受我的觀點，也承諾將從明年（二〇一四年）開始辦理活動，讓原本的衝突化為關心及認同。隔年鐵路局果然從善如流，把這一天視為節慶來辦理，並在火車站設置穆斯林的祈禱室，讓這件每年被有一些人視為問題的活動，因有了文化的理解，而有了不同的境界。而高雄也一樣，我在高雄捷運的獅甲站附近，也曾經看到成群的穆斯林在聚會，我想高雄的這些南洋姊妹們，應該也有同樣的需要，她們也需要我們的認同與關心。

●建國一百年怎麼慶祝？

我經常論述什麼是文化，什麼是文化的厚度。二〇一〇年四月二十八日，我就「拓展國際交流之規畫、執行及檢討」，以建國一百年的慶祝活動，質詢文建會主委盛治仁。我用一套日本郵票說明日本如何推出一套郵票，慶祝千禧年，慶祝二十世紀一百年間，日本自己定義的偉大成就，舉凡文學、藝術、體育、科學一一細數，連寶塚歌舞團也在列。藉由郵票的流通，讓全世界知道日本如何慶祝千禧年，也藉由此宣傳日本的國力與成就。

我拿出兩張卡片，說明日本四國松山市，為了慶祝出身或住過該市的三位日本文豪百年誕辰所推出的活動，是如何辦理的。我說日本伊予之國即四國的松山市，以溫泉、文學與旅遊之都自我宣傳。為了彰顯松山市是文學之都，松山市政府特別在街頭著名景點設立俳句郵政信箱長期徵稿。這些由松山市政府觀光局主辦常設的俳句徵稿郵局信箱，是於一九六六年開始，是為紀念出身松山市的正岡子規（一八六七～一九〇二）、柳原極堂（一八六七～一九五七），與曾在松山市任教的夏目漱石（一八六七～一九一六）三位日本著名的詩人與文豪一百歲冥誕而設立。松山市在街頭著名景點設立俳句郵政信箱長期徵稿，到我質詢時，設立已經有四十五年歷史了。松山市現在已經可以收到很多觀光客的投稿詩句，也因此成為日本著名的「俳句之都」。他們不斷地告訴遊客：「松山市非常感謝您的造訪，並且請求您再度光臨，並參加我們的俳句徵稿活動。」這種長期不炒短線的文化活動，其實就是在展現土地的靈魂，其用心真的讓人敬佩！

我在質詢時勉勵擔任慶祝建國一百年執行長的盛治仁，國際交流與慶祝百年活動，千萬不能只辦一些放煙火的活動，而完全沒有臺灣的主體性，也不能沒有長期而有意義的用心。但最後還是發生了為慶祝中華民國建國百年而推出的搖滾音樂劇《夢想家》，二個晚上花費超過二億元，但關照層面狹隘，未能留下有意義而可以提升文化，或可以有歷史累積的浪費憾事。我的文化觀影響了范植谷，但卻沒有影響盛治仁。

●保護土地與人民的連結

我國會辦公室的副主任陳林頌，他是臺灣大學城鄉研究所畢業的高材生，一九九五年當時還是一個剛要從逢甲建築系畢業的學生，他為了搶救一九一三年興建的北投公共浴場，而與我們認識，二十多年來他已成為推動臺灣文化資產保存的一位健將。從我們搶救北投公共浴場指定為古蹟，並推動成為「北投溫泉博物館」，搶救系列溫泉文化資產與古蹟，連帶搶救了以北投為拍片基地的臺語老片成功開始，我的團隊提出全新的願景，推動改造北投溫泉谷地，因此重建了一個以文化為基礎，全新的北投溫泉鄉。

之後我到高雄市擔任新聞處長與首任文化局長，許陽明到臺南市擔任副市長，我們團隊進而把保護文化資產，帶動都市建設的觸角伸展到全國各地。我國會辦公室主任陳鳳瑜、高雄助理王文雯，也都是當年臺南市文化建設「安平港國家歷史風景區」、神農街、西市場與正興街、孔廟文化園區、鹽田生態文化村等等諸多的文化建設與環境改造，最關鍵的參與者之一。那些年，我的團隊主導，以文化資產群聚保存為引領，強調歷史文化、生態環境，來推動都市的建設與經營。北投與安平也都因這些關鍵的因素，而入選交通部觀光局舉辦的「十大觀光小城」。

而在高雄市我開出文化資產名單，並主導提案所通過的古蹟與歷史建築，計有國定古蹟：臺灣煉瓦會社打狗工場（中都唐榮磚窯廠）。市定古蹟：原高雄市役所、三塊厝火車站、原愛國婦人會館、打狗水道淨水池、西子灣蔣介石行館、高雄州水產試驗場（原打狗英國領事館）。歷史建築：高雄中學紅樓、舊三和銀行、高雄火車站、高雄港港史館、玫瑰聖母堂、舊城國小內三合院、舊城國小後曾家古厝、香蕉棚、棧二庫及棧二之一庫、臺灣煉瓦會社打狗工場東北角倒焰窯、西子灣隧道及其防空設施、美麗島雜誌社、柯旗化故居、哈瑪星代天宮。這些都是高雄市重要的文化資產，也是了解高雄市不可遺漏的歷史現場。

其中哈瑪星代天宮所在地原爲高雄市役所所在地，也就是第一個市政府的所在地。但二次大戰，市役所爲美軍轟炸所毀，民國四十年代，地方父老於原地陸續興建信仰中心代天宮。但令人驚奇的是該廟興建時，敦請衆多的傳統藝術大師如潘麗水、陳壽彝、蔡元亨、張木成參與創作，因而留下很多傳統藝術大師的作品。我認爲那是一處傳統藝術的寶庫，應該登錄爲歷史建築。結果經我們長達五年與廟方溝通的努力，最後才順利完成登錄，並協助完成修復我國第一位榮獲傳統藝術薪傳獎大師潘麗水，唯一留世的山水壁畫〈雲山麗水〉。

我們體認到保護歷史與文化，就是要保護這塊土地與人民的連結，也是保護這塊土地的靈魂。而我們搶救文化資產的行動，其實就是保護歷史現場的工作，歷史現場不見了，人民自我的歷史建構與土地的對話，就失去了很重要的連結與見證。二〇〇五年六月十三日，我在對行政院的施政總質詢之時，曾將臺灣歷史分爲八大階段：「大航海時代」「鄭氏王朝」「成立政府」「面對世界」「抵禦外侮」「政權交替」「現代政府」「邁向民主」，最後提出四十二處「建構臺灣歷史不可荒廢的歷史現場」，後來我將這些現場增補到七十八處。要求政府展現這塊土地的靈魂，展現本土政權應有的文化視野、歷史責任和國際觀點，大刀闊斧地進行臺灣文化資產整體建構，積極搶救瀕臨消失的文化資產……

●遷移火車站，感動了二〇〇九世運執委會

高雄曾經因爲尊重自己的歷史，因而讓世界尊重。因爲捷運、高鐵、鐵路地下化三鐵共構，現代化工程的需要，原本施工單位鐵工局計畫將高雄火車站拆除，但那時我在市政府擔任新聞處長，我與林向愷、吳孟德等幾位同仁，在市政會議中力主應該保留住這個高雄的歷史門戶，也是許許多多高雄人的共同記憶。最後謝長廷市長也認爲「不應該重蹈臺北火車站拆掉的覆轍。這不只是保存老建築的問題，而是保存一個城市的記憶。」所以市長決定保留高雄老火車站。鐵工局最後也同意將高雄火車站保留，先將火車站以拖曳的方式遷移，等地下化工程完工後，再將火車站移回原處，爲了這次遷移火車站的活動，我指示新聞處舉辦「再會啦！火車站」極爲轟動的遷移活動，連陳水扁總統都來參加啓動拖曳的行動。

後來高雄市要申辦二〇〇九世界運動會，在最後的競爭中，國際世界運動會協會（IWGA）會長朗佛契指出，高雄市鍥而不捨的積極態度及全國傾力支持舉辦的承諾，是高雄市獲得承辦權的關鍵。但是其中有一個極具影響力的印象分數，當年我們邀請這些貴賓參訪遷移的高雄火車站。這些貴賓包括世運執委會副主席及秘書長，他們參訪後對謝市長說：「一個有能力保留火車站的城市，一定也有能力舉辦國際性運動賽事。」謝長廷市長特別把這件事貼在部落格，他認爲我們做這件事，感動了副主席與秘書長。尊重自己的歷史與文化，展現土地的靈魂，眞的是可以感動人，而受到敬重。

●搶救臺北機廠，歷時十五年

我再舉另一個例子。劉銘傳建設的臺北機器局是臺灣第一個官方工廠，也是臺灣第一個現代工廠。臺北機器局完成後主要是製作槍枝子彈及修理槍枝。一八九二年，清光緒十八年，機器局也曾購置鑄錢機器，開始鑄造五錢、十錢及二十錢的錢幣，同時還兼管鐵路的維修，這時臺北機器局已由最初的軍需工廠轉變爲多功能的近代工廠。

日治初期「臺北機器局」改設爲「臺北兵器修理所」擔負臺灣全島陸海軍兵器之修理，及製造各種砲彈手槍子彈等。一九〇〇年砲兵工廠正式交接轉由鐵道部使用稱爲臺北工場，但隨著鐵道與都市的發展，一九三一年八月就在臺北的東區松山興雅庄附近，由速水和彥規畫，動工興建占地十七公頃的大型現代化廠區，一九三五年十月竣工落成，總經費四百七十五萬日圓。二戰後國民政府將這個工廠，改爲隸屬臺灣鐵路局，並更名爲「臺北機廠」，民國四十六年十二月曾有新擴建「新車製造廠」計畫製造客、貨車以節省外匯等等的擴充業務。

臺北機廠過去是臺鐵主要的車輛維修與改裝基地，位於臺北市市民大道五段終端，京華城百貨對面並與松山菸廠相隔。臺北地區鐵路地下化與高鐵完成後，工廠在二〇一一年至二〇一二年逐步遷離，二〇一三年一月十日起就由位於桃園楊梅的富岡基地取代。臺北機廠的前身是原本位於臺北府城北門西北邊的臺灣總督府鐵道部臺北工場，而北門的鐵道部臺北工場，則是由劉銘傳的臺北機器局擴張而來。

這個國家最具文化與歷史代表性的工業遺址與地景，是歷代在這塊土地上的人民，胼手胝足建立起來的文化資產。到現在廠區還保存有劉銘傳時代，一八八九年生產於英國蘇格蘭格拉斯高的世界級國寶機器蒸汽動力錘。在陳水扁擔任臺北市長時代，許陽明在李乾朗教授的指導下，陳請臺北機廠中功能較獨立的蒸汽澡堂爲市定古蹟，二〇〇〇年通過審議指定成功，由於臺北機廠當時還在使用，並沒有立即的拆除破壞危機，所以我們並沒有同時將其他部分也陳請古蹟審議。

●用三讀通過的主決議堅持

但由於機廠要遷移到桃園，覬覦這塊臺北市精華地帶的土地利益，倡議開發拆除的危機日益迫切，因此民間團體開始大聲疾呼要求保存這個完整的鐵路工廠，來作爲鐵道博物館。二〇一二年開始，我國會辦公室協助鐵道文化協會，再度向臺北市政府提出古蹟陳請，二〇一三年一月十八日臺北市再度通過組立工場、鍛冶工場，及原動室爲臺北市定古蹟；總辦公室、客車工場、柴電工場爲臺北市歷史建築。但這些還是只將臺北機廠做沒有邏輯的分割，還是沒能將全區所有環環相扣的建築、鐵路網、轉車盤、吊車、氣電與管路等等相串聯的建築、設施與功能完整保存。

由於鐵路局以財務虧損為由，計畫將臺北機廠切割解剖成三大區塊開發，除了已經提報臺北市做都市計畫變更，並已經在委員會通過都市計畫的審議，所以始終不理會將臺北機廠提報文化部作國定古蹟審議的要求。最後爭取的過程，我只好用盡所有可能的方法與工具。我在立法院交通委員會提案，獲朝野共識無異議通過決議，要求鐵路局將臺北機廠提報文化部進行國定古蹟審議；也在臺北市政府通過切割開發臺北機廠的都市計畫審議後，在立法院內政委員會提案無異議通過，要求內政部暫停臺北機廠的都市計畫審議，但是鐵路局還是閃避，我逼他們去函文化部提報國定古蹟的案，他們雖然去函，卻枉稱只是轉達立法院委員會的決議，並非依文資法提報國定古蹟審議。

●第八十三件推動成功的文資案

最後我利用一〇四年總預算審查的機會，在朝野協商時提案獲無異議通過，於一〇四年總預算案的主決議中，要求鐵路局遵照交通委員會的決議，辦理臺北機廠提報文化部進行國定古蹟之審議。由於本決議案是總預算案的主決議，立法院三讀通過，並經總統公布，是具有法律效力的決議，這時才讓鐵路局將這個古蹟審議案提出，也才順利進入國定古蹟的審議程序。所以在這個國定古蹟推動上，我所動用的力量，「國會三讀決議」算是歷來古蹟陳請所用過的最高等級與最高階的力量。二〇一五年三月十五日總共歷經大家前後十五年的努力，臺北機廠終於通過審議，出席十四位委員全體無異議通過全區保存指定為國定古蹟，成為我國規模最大、占地最廣的古蹟。

這個國定古蹟是我的團隊二十年來，從一九九五年第一件北投公共浴場，即現在的北投溫泉博物館，陳請為三級古蹟，後改為臺北市定古蹟成功開始，我們團隊陳請成功為法定文化資產的第八十三件案例。當年陳請臺北機廠蒸汽澡堂為古蹟時，在同一段時間，陳請古蹟成功的還有臺北第一酒廠，也就是現在的華山文創園區。當年立法院已編列兩百億元，準備要進行立法院搬遷至華山文創園區的作業，但我們仍在一九九八年七月出面提出全區保存的古蹟陳請，一九九八年九月四日舉行第一次審查委員的現場會勘。我的團隊說：「市民大道與新生高架橋恰如兩把刀子架在國會的脖子上，是極不適當的國會新址。」這個古蹟陳請案，同樣地也是歷經許多阻難。

但那些年，許陽明積極參與座談會，並為許多藝文界人士導覽，極力呼籲華山應該全區指定爲古蹟保存，所幸最後還是在二〇〇三年成功指定爲臺北市定古蹟。二〇一三年三月十四日美國《華爾街日報》旅遊版以「慢活」（Life in the slow lane）爲題，讚譽華山文創園區。這樣的讚譽其實也見證了我們當年所做的呼籲：「讓臺北第一酒廠成爲一處令人嚮往的文化休閒藝文空間。」

●搶救蔡瑞月舞蹈社和龍應台交手

我們團隊另一個努力的案例是玫瑰古蹟「蔡瑞月舞蹈社」的搶救。臺灣現代舞之母蔡瑞月受到政治迫害，被拆散家庭，打入黑牢，出獄後慘淡經營幾十年的舞蹈社，臺灣舞蹈界的歷史殿堂，由於土地屬於臺北市政府，面臨臺北市政府強行拆除的命運，歷經四年抗爭，最後我的團隊展開搶救，串聯舞蹈界，提報古蹟審議，也是經歷了許多險阻，最後才審議通過成爲臺北市定古蹟。蔡瑞月舞蹈社卻在通過審查爲市定古蹟後，尚未公告前，在深夜被縱火燒毀，又經過我的團隊一連串的努力，陪同蔡瑞月老師在焚毀廢墟現場召開記者會，並要求臺北文化局長龍應台出席且承諾修復，最後臺北市政府終於公告，最後也修復了蔡瑞月舞蹈社，我也與謝志偉教授一起主持募款晚會，協助成立蔡瑞月文化基金會營運，終使玫瑰古蹟得以優雅的面貌浴火重生。

古蹟被燒毀，重建後全新的建築我們堅持仍為古蹟，文化的問題完全不是新舊的問題。我們的文化觀是非常寬闊的，舉世聞名的京都金閣寺，一九五〇年舍利殿被一位小僧放火完全燒毀。今日我們所看到的舍利殿是一九五五年時，依照原樣重新建造的，一九八七年全殿外壁的金箔裝飾也皆全面換新。金閣寺不只一次被燒毀，但這無損金閣寺為日本國寶之地位，也無損其在一九九三年成為世界文化遺產的尊榮地位。巴爾幹半島上的波士尼亞及赫塞哥維納的莫斯塔爾舊城與舊橋地區（Old Bridge Area of the Old City of Mostar）被聯合國教科文組織列為世界文化遺產。莫爾斯特舊橋（Stari Most）是兩岸兩個不同民族的溝通橋樑，已經矗立了四百二十七年，交織著兩個民族的血淚情仇。此橋卻因一九九三年的波士尼亞戰爭而被戰火全毀，舊城區也大部分為戰火所毀，戰後經一番重建，而該橋也經歷了一番風波，乃於二〇〇四年全新重建完成開放，其實這完全無損其在二〇〇五年七月，全部被指定為世界文化遺產。當年龍應台雖是不得不修復焚毀的蔡瑞月舞蹈社並委託「蔡瑞月基金會」營運，但我相信她一定也有從過程中得到一些啟發。

●搶救臺南衛戍病院，連夜「固樁」

臺南市成功大學力行校區是「原日軍臺南衛戍病院」，戰後成爲國軍八〇四醫院，原已完全廢棄塌陷，成大計畫全部拆除改建醫學大樓。當年許陽明提出古蹟審議時，反對指定古蹟的成大長官叫多位任審查委員的成大教授去「訓話」，當晚我與許陽明在臺南新天地百貨公司的餐廳，請那些委員吃飯慰勉他們。這個重要的文化資產歷經審議通過，成大不服提出再議，但最後還是成功將整個院區指定爲臺南市定古蹟。

其實「原日軍臺南衛戍病院」邊，左側「家寶醫學研究室」的隔壁棟，也是日本時代一棟精美的紅磚建築，該建築的北面牆上，上半部有飛機掃射的許多彈孔，而下半部則有一排整齊的平行彈孔。其實上面的彈孔是第二次世界大戰時，美軍轟炸掃射臺南的歷史痕跡，那時，臺灣是日本的屬地，美軍把臺灣當日本人打；而下面的一整排彈孔則是二二八事件時，軍隊包圍臺南工學院，掃射槍殺的現場。那時，我們自以爲「重回祖國懷抱」，但國民政府把我們當奴化的同胞打。這樣的一面牆壁，卻訴說著臺灣現代歷史上最重大的兩則歷史事件「太平洋戰爭」與「二二八事件」，也訴說了臺灣受外來政權統治的百年悲情，實在是非常重要的國家史蹟地，如何能拆除？

指定後歷經十年，如今整區已經完全修復，不但是成爲全國唯一保存完整的日治時期的軍醫院，並且成爲成功大學臺灣文學系的系館。整修後的該區建築顯得美輪美奐，而且配上臺灣文學系，眞是紅花綠葉相得益彰。這個古蹟案是我唯一一次爲古蹟「關說」的案例，那次的飯局，說是慰勉委員，其實何嘗不是「固椿」。二〇一五年我競選第四次連任的期間，陳雅琳小姐在《臺灣亮起來》節目中專訪我。我在充滿彈孔的紅磚大樓前面訴說臺灣的悲情歷史，引起很多迴響。

●預算審查，搶救阿里山氣象站

透過這些文化資產，尋找自我認同與價值，我在三立電視臺《臺灣亮起來》節目中專訪時說過：「在腐朽之中就看到故事看到歷史。」我們也總是在廢墟之中，看到美麗與機會，所以我們對文化資產的態度積極，只要有價值，無論多破舊，都要搶救這塊土地的靈魂，絕不輕言放棄！

二〇一二年立法院審查一〇二年預算時，我在預算書中看到氣象局編列四千三百萬元，要辦理阿里山氣象站在內的整修經費，經查詢相關資料後發現，興建於一九三二年的阿里山氣象站，是臺灣第一處海拔超過兩千公尺的氣象站，也是臺灣第一座結合氣象觀測與科學研究的專門氣象建築。我爲了避免氣象局用一般工程整修，而破壞其具歷史性建築的風貌，要求氣象局凍結預算，先辦理古蹟審查，依據審查結果再辦理整修計畫。並於當日由我國會辦公室，發文嘉義縣政府請求文化資產審議。結果該建築的重要性與稀有性獲得認同，很快就審議通過爲嘉義縣定古蹟，定名爲「原臺灣總督府氣象臺阿里山觀象所」。因此就讓這棟建築用古蹟的標準整修，不致破壞了原來的歷史風貌，也保存了這棟國家重要的文化資產。

前述臺北機廠、阿里山觀像所，都是交通部所屬機關的財產，我到交通委員會，當交通委員搶救文化古蹟眞的如魚得水，接下來的燈塔，更是粲然大備。燈塔業務本來屬財政部關稅總局主管，二〇一三年移轉至交通部航港局主管，立法院交通委員會首度出現燈塔業務報告，我檢視資料發現，許多具有歷史價值的燈塔並未列名文化資產保護，於是我在質詢中要求主管單位總清查，會後我同時要求國會辦公室也必須地毯式地自己調查研究一次。

燈塔人的兒子，成爲掌管燈塔的首長

二〇一三年六月開始，我請國會辦公室副主任陳林頌、王文雯等助理，開始調查全國燈塔的現況。從臺灣本島、金門、馬祖、烏坵、澎湖、彭佳嶼、綠島、蘭嶼等等，歷時三個月，調查全國全部燈塔三十八座完畢，並在高雄市哈瑪星的打狗鐵道故事館，與中華民國鐵道文化協會、高雄市健康城市協會、高雄市生活環境文化協會，共同舉辦了一次「天涯海角．守護臺灣的光」全國燈塔最新調查展覽。我也提出調查報告給文化部與航港局，指出應該增加指定或重新指定的燈塔計有：國定古蹟十二座、市定古蹟兩座、縣定古蹟五座、歷史建築九座，共計二十八座。隨後幾個燈塔所在的縣市政府，也陸續審議指定或登錄燈塔，成爲該縣市的法定文化資產。

我在保護全國燈塔的過程中，有一天，收到一封來信，那是一位曾被關在綠島監獄的政治犯寫來的信。他說，他當年從牢房的窗戶可以看到綠島燈塔的光，在他生不如死的時候，綠島燈塔的光溫暖地安慰了他，也讓他懷抱希望，成了他活下去的力量，他並且謝謝我們做的事。另外有一次，我的助理陳林頌拿著一張影印稿給我，那是一九四〇年代海關公司職員名錄，這份名錄清楚登錄著一位叫祁達的先生，他是在一九四五年考進上海海關，也是首批華籍燈塔管理員，他後來被分發到高雄燈塔工作，高雄燈塔在我的選區內，就是旗後燈塔。

航港局配合我的要求，陸續開放燈塔觀光，二〇一三年九月十日召開記者會宣布綠島燈塔與白沙岬燈塔的觀光事宜。記者會上，我把陳林頌找到的文件裱框送給航港局局長祁文中，因爲「祁達」先生正是祁文中局長已逝的父親。燈塔人的兒子，成爲掌管燈塔的首長，祁文中非常驚訝與感動。他一生沒有看到過的資料，我送給了他，除了期勉他做好燈塔的保護，也要善待所有燈塔人，因爲他們都是寶貴的資產。

●提案成立國家文資局

臺灣其實擁有許多足以與世界對話的文化資產，這些資源也是塑造國家意象的重要元素，建構國家歷史的重要見證。過去沒有策略企圖、沒有系統的古蹟修復概念必須揚棄。我認爲高雄的威震天南（旗後砲臺）、雄鎮北門、英國領事館與左營的鳳山舊城、臺南的熱蘭遮城（安平古堡）、普羅民遮城（赤崁樓）、臺北的聖多明哥城（淡水紅毛城）等，都是亟需做周邊景觀保存與整理，並且建構成具有一流國際觀光魅力的臺灣文化資源。類似熱蘭遮城的史蹟，在全球僅有少數類似的特殊城堡，但不論在日本函館的五稜郭，或美國佛羅里達州聖奧古斯丁市（St. Augustine）的聖馬可士堡（Castle of San Marcos），都是傾全力吸引國際觀光旅客，在臺灣卻都以舊的觀念對待，導致文化資產成爲預算分配的雞肋。

面對此一危機情勢，我呼籲行政院相關單位及主管機關當時的文建會，展現本土政權應有的文化視野、歷史責任和國際觀點，大刀闊斧地進行臺灣文化資產整體建構，搶救瀕臨消亡的文化資產預算。我對文建會提出四十二項以臺灣歷史爲主體的「歷史現場」指標性古蹟（二〇一三年三月十八日向交通部長質詢時增補爲七十八項），要求文建會應揚棄過去缺乏策略與方向性，並拘泥於古蹟本體的修復，轉向以整體歷史現場、文化地景的保存，塑造古蹟政策。以具有歷史故事的現場爲基地，強化古蹟主體的空間特性與周邊機能，整合並創造既有資源，塑造既有全球高度，又有在地特色的歷史文化地景。

我在質詢中進一步說明，除了爭取更多的預算之外，文建會應該強化文化資產的管理與經營。在組織方面，我提出文建會應成立「國家文化資產管理局」，來管理所有的國定古蹟與文化資產政策，策略性輔導地方處理文化資產的維護與經營，並且主導國家歷史風貌政策，拉高文化資產的視野。二〇一二年五月二十日我所提案設立的原文建會「文化資產總管理處籌備處」，終於改制為「文化資產局」；在制度層面，我認為必須訂立特別法，以促成國家歷史風貌園區的設立，不管是古蹟周邊的用地徵收或者是文化地景的管理、維護上，應該提供與民間交換的經濟誘因，以作為計畫推動的配套方案，才有可能成功。我也在後來我所提案的「文化資產保存法實施三十年總體檢．文化資產保存法修訂案」中提出對應配套的修訂條文。

●文資法三十年總體檢：普遍平等之參與權

我也呼籲更應該以此做為政策的核心價值推動。在臺灣大喊在地化的教育政策同時，在爭議教科書應加入多少臺灣史比例的同時，更應該讓孩子們能夠走入活生生的古蹟當中，去感受這塊土地過去的歷史與記憶，那更是無可取代的歷史經驗。過去的「城鄉新風貌」運動，帶動了一波城鎮特色風貌的形塑，接下來要能以全球的視野和企圖，規畫並投資具有國際競爭力的文化觀光地景系統，才能帶動另一波形塑「國家新風貌」的運動。

我在第八屆立法委員任內，適逢《文化資產保存法》實施三十周年之際，我審度時機，以我及我的團隊二十年來搶救文化古蹟的經驗，對《文化資產保存法》做了一次總體檢，並提出以全新觀點與思維，來建構全盤完整的《文化資產保存法》管碧玲修正版本。但立法院第八屆時，我觀察到所提的新思維，似乎時機尚未成熟，所以就以需要更多溝通爲理由，將這個草案擺著拖延不審。到了第九屆民進黨已經居多數，由於提案是屆別不連續，所以第九屆需重新提案，我將我的版本再做微調後重新再度提案。我提出《文化資產保存法》歷史性的觀念翻轉，開宗明義第一條提出：「爲保存及活用文化資產，保障文化資產保存普遍平等之參與權，充實國民精神生活，發揚多元文化，特制定本法。」

●吳思瑤：「管媽眞是文資法之母！」

我認爲《文化資產保存法》應與時俱進，面對環境變遷與歷史發展，對內容不足與實施困境應該提出檢討，藉以進化提升我國文化資產保存之境界。我在我的修正案中，除了歷史性的觀念翻轉，提出「保障文化資產保存普遍平等之參與權」之外，我也提出了幾個修法新思維與進步的觀念。審完了文資法時，吳思瑤委員在她的臉書中寫著：「管媽眞是文資法之母！」讓我百感交集。她說文化資產保存工作，是管媽「大半青春」做的事情。這是眞的，三十五年才大修的法律，有太多我及團隊依據二十年經驗所累積的觀念去建立的制度。而這次修法多虧大家集思廣益，相互切磋才能順利地將觀念翻轉。陳學聖委員召集這次審查，他和我一樣，提出整本草案內容提供討論，吳思瑤委員，我看到她的深入和對文化的熱愛，像是看到年輕時候的自己。黃國書、何欣純委員也從頭到尾深入審查，我看到他們的內行。其中，原住民委員的意見，也讓我們學習很多，充滿感恩。這一次，我可以說大刀闊斧，爲文資法樹立宏大的體系，因我的版本而建立的制度包括：

一、普遍平等參與權全面入法，各種文化資產均可由個人、團體提報，並限期審

議。（普遍平等參與條款）

二、確立有形文化資產與無形文化資產兩大系。

三、文化資產類型務實擴充，空間、景觀、建物、群落、人事物細分，使文資身分名實相符。

四、複合型、系統性文化資產入法，文資型態與再利用更多元彈性。（草山水道系統、牡丹社條款）

五、主管機關回歸行政中立，文資審議委員會中心制確立，不再球員兼裁判。（審議中心制條款）

六、擴大適用暫定古蹟範圍，阻卻惡意破壞尚未審議之文化資產。（暫定古蹟強化條款）

七、無形文化資產所有人，與此無形文化資產相關聯的公有有形文化資產，平等互惠，享有無償合作的優先權。（二二八紀念館、嚴家淦故居、蔡瑞月舞蹈社等的紀念條款）

八、重要國家文化資產建設計畫，徵收用地得超越土地徵收條例，擁有彈性議價空間。（熱蘭遮城、左營鳳山舊城條款）

九、強制主管機關告知容積轉移權益及協助計算之義務。（虛擬容積銀行條款）

十、自然紀念物與自然地景並列；自然紀念物應辦理紀念計畫。（北投石條款）

十一、建立無形文化資產編號及授證制度，建立盤點機制及榮譽感。

最後，幾乎所有版本都同意，只要破壞文化資產、審議中的文化資產，不分規模大小，都要判處六個月以上徒刑，刑罰侍候。完成初審，我好像看到連祖先都在笑。

雖然文化保存的境界與我的提案，還有一些需要繼續再努力去推動的法制，但「保障文化資產保存普遍平等之參與權」這是一個歷史性的修法觀念與主張，對照出過去狹隘的「所有權與管理權」本位主義，我提出普遍與平等之參與，再由專家客觀審議的觀念。而擔任教育文化委員會召集委員的陳學聖委員，及幾位有興趣的委員也提出他們的版本，大家積極排案溝通審查，經過五次密集的審查會，二〇一六年五月十二日全案終於在沒有衝突的和諧氣氛中審查完畢，隨後並送交院會三讀通過，總統於二〇一六年七月二十七日公布，將這次歷史性的文化資產保存修法正式生效實施。這次的修法，我所提出的種種進步觀念與制度，讓文化資產保存要成爲普遍平等的全民事業，這種主張能入法，我視爲是我人生的重大成就。

這次文資法修正後，我的願望與企圖是將一些國家重要的歷史現場，系統性地連結呈現出來，例如「荷蘭與鄭氏王朝」歷史現場；清末抵禦外侮環繞全臺的砲臺建設；日本侵臺歷史「牡丹社事件」「乙未年前後日軍侵臺入臺歷史現場」；環繞臺灣的燈塔群。更進一步，要推展到近代的二二八事件、高雄橋頭事件、美麗島事件等等歷史現場的保存。

●高雄都市的靈魂建設

有關高雄市的重要文化建設，在蔡英文總統競選期間，我的團隊即在參與文化政策小組的討論中，就曾配合我對文化資產保存法的修正，向蔡主席提出要把重要歷史現場系統性的呈現與保護，當成是國家的重要建設，也當成是國家重要的基礎建設。除了牡丹社事件史蹟外，其中我們提出高雄的三大重要的國家文化基礎建設：

一、「鳳山舊城保存適度重現計畫」。國定古蹟左營鳳山舊城，除了城垣之外，在我擔任文化局長時代，就曾經在舊城範圍內的一個眷村改建計畫中，發現舊城遺址的存在，這個遺址的文化層，確認與明鄭時期興隆莊，清領初期以來之鳳山縣治所在相關，晚期之地層可確認與「鳳山縣舊城」之城內空間相關，這個遺址我也將之登錄爲文化資產保存。現在這個建設於一七二二年國家現存最古老的舊城，其實已經過日本人破壞，再加上過去政府的不重視，讓眷村包圍穿插其中，周邊眷村雖已經逐漸拆遷了，但還有一部分亟待用我提案通過的文資法新規定，與居民好好溝通，讓鳳山舊城最大可能地重現。

二、「高雄港歷史風貌的保存」。從旗后燈塔、旗後砲臺到旗后廟街的系統性規畫，從哨船頭、哈瑪星、新濱線舊街區、新濱線打狗驛周邊的歷史古蹟建築與鐵道，到高雄第一商店街山下町通、第一座百貨商場「銀座百貨商場」……的保存與系統性的連結等等，這個區域的保存與規畫，可以讓高雄現代化發展的歷史與軌跡呈現出來。

三、「美濃客家傳統夥房永安聚落街區的保存」。從古蹟敬字亭到東門樓，這是一個還相當完整，規模也算廣大，具有代表性的客家夥房聚落街區。聚落內還有水圳，及讓灌溉水流通的古蹟水橋，還有居民的穿水橋活動，水圳邊房舍等等，這個客家聚落的保存與美化，對客家文化傳統與夥房聚落的保存，或是客家風情觀光的提倡，都是國家一件迫切與重要的工作。

●同心協力營造家園

除了政府重點投資基礎文化建設，當然還要有人民自動自發，自我認同與自我再發現的社區營造，來連結土地、人民與歷史，這樣才會是我心目中完整的文化，與展現土地靈魂的建構。我曾經組團去考察過日本古川町的社區營造。古川町是日本關西地區崎阜縣北部，飛驒山脈環繞的盆地中，一個以木業爲中心，人口大致維持在一萬五、六千人左右的山村。約成立於一五八九年，與臨近的高山市，都是有四百多年歷史的傳統聚落。幾百年來可說一直過著與世無爭的山居歲月。這個小鎮由於木業興盛，技藝成熟高超的飛驒木匠遂全日本知名，其作品成了該小鎮乃至是全日本名貴木作的象徵，據說京都、奈良許多寺院，甚至京都御院皇宮，都是古川匠師的作品。古川工匠的工具還被國家指定爲文化財。

古川町除了建築細膩精美聞名日本外，每年一月十五日「三寺參拜」與四月十九、二十日的「飛驒古川祭」，是另外兩個聞名全日本的文化盛典。四月十九日深夜，古川町民以「起太鼓祭」喚醒大家，告知春天的來臨。裸露上身的壯丁坐在五米高的鼓架之上，敲擊太鼓巡行街道，這個山村裡深夜迎春的太鼓聲，每年都吸引了數萬人潮。這個「起太鼓祭」也被指定為日本國重要無形文化財。

一九九三年十月，古川町的社區營造協會，舉行了町民大會，古川小學校也有一百三十位六年級的學生參加，發表他們的「提升古川形象計畫」，當時出席小組討論的六年級學生初田百江，提出一篇作文「傳達古川知心的社區營造」，深深地感動了與會人士。初田百江從聽到一個大阪來的遊客，羨慕古川銀杏的美麗說起，她說：「因此不只是花錢去建造各種設施、設備，更希望大家能同心協力來使古川町更美。」這篇作文引起了古川町大人們的自省，因此十幾年來古川町的每個小角落，每個細節都有人自動自發去關照，再度促成了古川町社區營造的深化，讓已經很美麗的古川町，處處呈現一種細膩的美感，我也為了這個故事特別不遠千里跑去看那傳說中的銀杏樹。

其實到一九六〇年代一直維持著寧靜的古川町，伴隨著日本的高經濟成長，也曾發生過環境汙染。那時寬僅一點五公尺，緊鄰住家，穿過街區中央，流入荒城川的瀨戶川變得像臭水溝。後來經熱心的町民組成社區營造協會，從六〇年代起，鼓勵古川町的居民，自動自發修繕清理瀨戶川，經全鎮男女老幼都動手參與汙泥的清除與垃圾的清理，才逐漸恢復清澈的水流。一九六八年八月古川町的報紙，發起了在瀨戶川裡放養鯉魚的計畫，獲得熱烈迴響，大家共捐了三千尾鯉魚，放養當天全鎮居民齊聚川邊一起放養。這些鯉魚屬於全鎮共有，照顧鯉魚人人有責。而且全町共有的寵物養在高緯度的山城，下雪的冬天必須全町動員，將所有鯉魚全部撈起放到一個溫室的水池中過冬，等待來春再全體動員，讓魚回到川中優游。

●山中無歲月，人間忘貴賤

瀨戶川中優游的鯉魚，早已經成爲居民的驕傲與觀光客的最愛，也成了古川町聞名於世的形象大使，瀨戶川遂被通稱爲「鯉の川」。爲了寵愛這些鯉魚，人人從自家做起，居民晨昏兩次出來撿垃圾撈取落葉雜物，他們無分貴賤，不分你我，同心協力，出錢出力，讓小鎮的街區汙水接管率百分之百。瀨戶川的鯉魚並不是爲了觀光放生的，也從沒有要向政府申請補助，最初只是爲了提醒大家不要弄髒水源，共同來維護水質而已。但從放養鯉魚開始，古川町的居民發展出對環境的關懷，不分你我共同細心經營屬於全町的生活空間，讓整個小山鎮，變成美不勝收的親水空間與環境，完完全全展現了這塊土地的靈魂。

到現在古川町人入睡之前，還會聽到町民輪流巡夜敲擊的梆子聲，提醒大家小心火燭。進入二十一世紀的美麗山村，彷如山中無歲月，竟還用十八、十九世紀的方法，一聲聲地在喚起町民的靈魂，照顧社區人人有責。我經常有機會到臺灣各地看看，民進黨執政時期，全臺各地風起雲湧的社區總體營造的活動與呼聲，在政黨輪替後竟悄悄地轉變成微弱不堪。每當我回顧那次造訪的山村，細聽導覽訴說屬於他們的故事與驕傲，有一種深深的嚮往，竟縈繞心頭久久不去。

這幾年來，如果有機會在社區座談，例如我在我們高雄美濃，我總是說要蝴蝶回來，要蜻蜓回來，要螢火蟲回來，要老鷹回來，要藍染回來，保護客家伙房、菸樓與文化，營造無毒、綠能的家園，我總是不厭其煩地論述土地、人民、歷史與社區營造的關係，其實也是在闡述土地的靈魂。我們多年來反核追求非核家園，追求綠能民主，追求環境保育，追求文化歷史的尊重，在強調、保存與經營這種關係下，永續家園就是我們追求的終極目標，如今已經是我們必須起而行的時候了。在非核家園、環境保育以及在地產業的三大目標下，兼容並蓄地融合多元價值，爲在地居民及綠能產業，爲土地與人民的關係找出新的共識與出路。

我總是談論到一個重視土地的倫理，重視人民的環境、歷史與文化的國家，會成爲一個具有靈魂的國家；重視土地與人民的環境、歷史與文化的都市，會成爲一個具有靈魂的魅力都市。我認爲這是國家最重要的文化基礎建設，也是高雄都市應該全力推動保存的「靈魂建設」，也是我所說的「文化新市力」的靈魂核心。

第五章

公平與正義

從大學一年級下學期開始，教授、同學們在不知不覺中，不脛而走都開始叫我「管媽」，「管媽」這個親切的稱呼一直被叫到現在，包括許許多多不認識的民衆，看到我也都會自然地叫我「管媽」。會這樣子，其實跟我的個性很像俠女，愛路見不平拔刀相助有關。

二〇一三年八月份，因爲文化保存的議題，我們去了三趟高雄鳳山黃埔新村，拍照記錄訪談。結果，文化記錄的行程，卻意外平反了一件歷經六十三年，家屬沒有任何資料的政治冤案。孫立人將軍舊部，前陸軍中校田世藩，生於民國八年九月二十三日，民國八十八年十一月一日車禍身故。二次大戰時，曾參加緬甸仁安羌戰役，戰功卓著榮獲英國政府頒授勳章。民國三十九年追隨孫立人將軍來臺任職於陸軍軍官學校第四軍官訓練分班，現高雄鳳山陸軍官校的前身。當時田世藩中校有一舊識，在香港寫信問他想到臺灣，但不知臺灣局勢如何。田世藩回信說，目前臺灣局勢混亂，暫可不要來臺。但該信被截獲檢查，遂因信中這一句話，被以妨害軍機治罪判刑八年。這種判決明顯是因擔任孫立人將軍之幕僚，而被藉故株連入罪的白色恐怖冤案。

●平反六十三年的冤案

政府完成《戒嚴時期不當叛亂暨匪諜審判案件補償條例》立法時，田家的人也曾提出申請，但田世藩中校案的相關判決資料，國防部已於民國五十六年二月二十三日依法銷毀。所以家屬沒有判決書，國防部也完全沒有該案的檔案，因而審查未過，無法獲得補償。事隔多年，家屬本已無奈地放棄爭取補償了。我們在黃埔新村的巡守隊訪談時，偶然與田世藩中校的女兒田小菱大姊相遇，而知其父親之故事，田世藩中校的遺孀，當時已高齡八十八歲，猶未能看到丈夫冤案被平反。

聽到那樣的案情，我的正義感立刻冒出來。就請田大姊提供資料讓我們處理看看，但田家完全沒有資料，而且多年來已有很多民意代表陸續也都幫忙過了，陸續申請平反長達十五年但都沒有結果。所以她們也不想再提了。但當時也在現場的里長與里幹事等多人，勸田大姊說不妨「死馬當活馬醫醫看」「說不定這是上天安排的」，最後田大姊就將其父親之遭遇說出，並簽字授權我出面代爲處理其父親冤案的平反事宜。

我知道田世藩中校受罪的整個事件原委後，立刻出面要求「財團法人戒嚴時期不當叛亂暨匪諜審判案件補償基金會」重啓調查與審查，他們在我的要求下，改變處理的方法，不要執著於有沒有判決書的問題。結果以新途徑新方法，終於從三種關鍵檔案中查到實據：一、從國家檔案管理局中找到民國三十九年國防部呈報蔣中正的「國防部清查妨礙軍機名單」中，發現田世藩中校確實列名其中，即證實田中校確有被依妨礙軍機判罪。二、從「民國四十一年國防部軍監調服勞役之銷毀清單」中，也發現田世藩中校之名字，證實田中校確實有服軍事監獄刑。三、田世藩中校涉案時只有軍籍，首度在臺灣設戶籍時間爲民國四十四年十一月二十一日，並改職業爲教師，故從其獲准設籍的戶政資料中，得悉其調服勞役其實是回到學校擔任教師，這一部分亦是服刑之一種，並不算年資，故從其任教學校人事資料中得知其改服勞役之歷程。

●科學方法不分藍綠

像大海撈針一樣的工作，用邏輯推敲的結果，終於找對了尋找資料的方向，一旦確認田世藩中校妨礙軍機的外患罪刑，符合戒嚴時期不當叛亂暨匪諜審判案件補償之條件，再從設籍的時間推衍，也確認了刑期，六十三年的冤屈，就這樣，平反了。這件事處理的方法與態度，受到田家的極度推崇，她們說這是她們歷來所見到最佳的處理態度與速度。除了態度外，她們推崇我學術上深厚的專業知識，知道如何走出絕境，沒有在「找判決書」的問題中打轉，更是另闢蹊徑找到證據的關鍵。

二〇一三年十月十八日「財團法人戒嚴時期不當叛亂暨匪諜審判案件補償基金會」重審通過補償田世藩中校之不當審判，我至感欣慰，因爲田世藩中校案件的平反，可以深深安慰其遺孀已八十八歲的田老奶奶及其家屬。田小蓤大姊說，在父親被判刑的那一年她剛好入小學，從讀小學起她就被當成是匪諜的女兒，她告訴我們，這個條例馬上就要落日了，如果不是搶在這個時間替他的父親平反，他們家世世代代都會被人認爲是匪諜的後代。

她曾告訴媒體：「六十三年了，父親終於平反了，不過我們是深藍的，沒想到最後是民進黨的管碧玲立委幫忙平反。」二〇一六年我選立委連任，成立競選總部成立時，蔡英文來參加活動，我請田小蓤大姊來獻花，問她：「願不願意支持小英？」她很開心地說：「願意。」我讓深藍的她也願意支持蔡英文，公平正義沒有男女、職業、宗教、地域之分，也沒有藍綠之別，彰顯公平正義可以突破籓籬。

●一個案件奔走三年一個月

我的骨子裡一定有一種很強的俠義基因，讓我可以爲一個案件，鍥而不捨地用三年一個月達成目標。有一位徐姓女老師，因爲檢舉校長的不當騷擾，竟遭到校長報復式的解聘。一九九二年八月被解聘到一九九六年證明騷擾爲眞，才被介聘他校任教，長達四年徐老師因冤屈而失業，二〇〇八年九月六日，她爲了那遭不當解聘四年的年資來找我。爲了那四年年資應計入退休年資，她歷經民事訴訟敗訴，行政訴訟也敗訴後，二〇〇五年開始向民意代表、教育局與教育部四處陳情，但因四年確實沒有在教書，就事實而論當然沒有年資，法院也是基於此事實判她敗訴。連我的助理也說：「法院都這樣判了還能怎樣？」

我認眞研究了這案，我告訴助理說：「一個騷擾人的加害者，再利用職權不當解聘受害者，有公義的國家必須保護這個受害者。」我決定以「侵犯人權」事件定義此一解聘案。依聯合國標準，侵犯人權事件，應對受害者所有權益都恢復原狀，所以我要求不但要計算年資，失業那四年也要補發給薪水。三年一個月之間，我爲此修改教職員退休條例第三條，前後召開七次協調會，並要求教育部召開專家諮詢會議，鍥而不捨終於達成任務。二〇一一年十月十七日，終於讓徐老師不但補得那四年年資，也補得那四年的薪資。

我這麼堅持的原因，不只是爲了平反這位老師的冤屈，也是爲了成就臺灣是一個公義的國家。我對我的國家有美好的想像，我希望臺灣是一個因人民幸福而偉大的國家，這個國家，公義必須被實踐，回想那三年多，包括教育部、高雄市教育局、副市長都曾經否決所請，我不斷奔走，每次挫折時，我都不准助理結案。我說：「幽暗的長廊再遠，只要相信前方有公義的明燈，就永不放棄。」堅持，眞的可以成功。

我的俠義甚至用到了柯文哲身上。在立法院，除了自己委員會的事情，有空時也會去聽聽看別的委員會的質詢。二〇一四年縣市長選舉時，有一次我在院內電視頻道中，聽到有一個委員在質詢衛福部，指責柯文哲，指控臺大醫院移植手術有活摘人體器官之嫌，衛福部官員也沒辯駁，順著立委的說法回應，當場承諾立刻到臺大醫院調查。我立刻衝到現場替柯文哲說話，我說我事先不知道今天要討論這件事，也沒人拜託我來，但是事情明明不是這樣，爲了選舉，衛福部就指控醫院是殺人工具嗎？如果按照他們的說法，那臺大醫院不就是間「殺人工廠」了嗎？

那時候，柯文哲被MG149案打得灰頭土臉，我在財政委員會上質詢臺大醫院院長黃冠棠，一開始就說：「雖然本席並沒有特別喜歡柯P，但我是喜歡追根究柢，把事情是非弄分明的人。」我清楚地說明法律制度，直指：「臺大害死柯文哲拖累臺大。」這段質詢影片傳出去後，得到很多網友的回應，有人說：「論述好完整，管媽，好棒！」「管媽眞是高雄人的優質選擇。」「身爲高雄人與有榮焉。」「謝謝您，管委員。您讓我看到什麼是一個專業立法委員該有的高度與氣度。國家有您眞好！」

MG149 案最後證明不是貪汙，「活體移植」也證明是惡意誣指，我和柯P素昧平生，兩案被指謫得沸沸揚揚，替他講話是冒政治風險的事，我自動跳進去義助。這種作風，完全是一種性格上的內在驅動，「管媽」的外號，也其實是這種作風之下的產物。

做這些事，只是我認爲要還原眞相，我非常堅持公平正義，二〇〇六年謝清志副主委因爲高鐵減震工程被檢察官以「圖利廠商」的罪名起訴。他曾被收押入獄，過程中很少人敢替他說話，我是那少數的幾個人之一。我那時不認識他，只是覺得一個這麼專業的知識分子回國服務，不應該是這種下場，於是勇於替他辯護與釐清，最後法院還是還給他清白。

我很會抓到做事情的方法，用對方法，所以常常都能達到效果，像田世藩中校的冤案平反，其實靠的也是正確的方法。當立委這些年來，斬妖除魔，守護住公平正義。

然而，早年質詢時，我的個性比較急，甚至還會罵人，如「無能」「無恥」等。近年來我多半會留有餘地，言語間對人會有基本的尊重，這是從政多年來自己的轉變。

問政時，我會收集很豐富的資料，並以資料和證據取勝。我相信證據會說話，用它們來鋪陳一件事情，抓到重點、找到問題的核心，再將案情查個水落石出。所以，問政的方法論很重要，它能產生莫大的力量，因此我的問政才可以那麼有威力，並能夠達到改革的目的。最經典的案例就是二〇一三年，我抓到特偵組違法監聽，扯出案外案，也直接促成了檢調監聽業務的改革，重修《通訊監察保障法》。

●史上第一次，我抓到非法監聽的證據

過去檢調單位進行非法監聽時有傳聞，但卻從未有人拿出讓檢調單位啞口無言的證據。我也因爲正義感使然，在王金平院長司法關說案疑雲中主動出擊，結果我成了史上第一個抓到違法監聽證據的人，讓檢調單位如何進行違法監聽，完全呈現在國人的面前。

特偵組在民國九十九年間與臺北地檢署偵辦臺灣高等法院集體貪瀆的「正己專案」，曾於涉案法官陳榮和住處查扣九十萬元，由於陳對此筆款項交代不清，遂以「一○○年特他字第六十一號」偵辦。二○一三年九月六日特偵組召開記者會，檢察總長黃世銘向公衆披露，王金平院長、法務部長曾勇夫、高檢署檢察長陳守煌等人涉嫌關說。馬英九更以中國國民黨主席身分在總統府召開記者會，譴責立法院院長王金平司法關說。證據也是特偵組「一○○年特他字第六十一號」的監聽，發現該案關係人與柯建銘有聯繫，而監聽柯建銘委員手機，卻意外聽到王金平院長涉關說。九月六日的記者會結束，我不動聲色，立刻讓辦公室若無其事地發文調「一○○年特他字第六十一號」監聽案的資料，當時行政機關還沒有防備戒心，就讓我把「一○○年特他字第六十一號」全案的所有監聽票案號查到手。

我發現特偵組爲偵辦法官陳榮和不法所得九十萬元，在一審判決後五個月才發監聽票開始監聽，而一年多後，二審判決了還在監聽。監聽應該是起訴前的工作，起訴後根本就不需要再監聽，結果二審判決了還在監聽，根本是很荒謬的事。所以，我推測那必然是利用陳榮和案件，在違法監聽其他人。這張監聽票，讓利用此案而衍伸出，像一串粽子般的違法監聽暴露出來。

我果然發現，特偵組藉著陳榮和法官收受賄款案，開始擴線，將與此案無關的人士掛線，違法監聽對象包括立法院總機節費電話、立委柯建銘、檢察官林秀濤、律師杜英達等人。我將監聽票抽絲剝繭後，實在是讓我步步驚心，我怎麼也沒料想到，這些人違法亂紀，竟膽大妄爲到敢監聽國會總機，還將所有分機一網打盡。二〇一三年九月二十五日，我質詢檢察總長黃世銘用A案養B案，這些人還另外利用「聲監字第五二七號」監聽柯建銘委員，但該案卻是吳健保等涉貪的案號，柯委員說他根本就不認識吳健保。所以我們更發現，特偵組利用一個案號，竟敢將所有想監聽的人都掛進去監聽，這根本就是違法「一案吃到飽！」檢察總長黃世銘更將監聽到王金平和柯建銘等人的談話，違法私下提供給馬英九發動九月政爭，引發政治風暴。原本馬王政爭時，馬英九要用關說案打擊王金平，卻因我掌握到「特他字六十一號」監聽票，及這些違法的事實，讓黃世銘受到重創，也在某種程度算救到王金平，這一切眞的很戲劇化。

如前所述，這個案件剛爆發時，我馬上請助理收集資料，助理也做得很好，以最快的速度拿到所有關係「特他六一」案的監聽票的資料。當大家都還不知道這是件違法監聽案，在法務部內部也還沒警覺這些資料有什麼問題時，我就將所有的資料都拿到了。記得那天在回高雄的高鐵上，我將收集到幾十張監聽票的票號，一張一張仔細地連結，像做「連連看」一樣。我根據案號用樹狀圖推演出它的來龍去脈與因果關係，這個爬梳資料的基本功，瞬間讓檢調單位違法監聽的方法與途徑一目了然。

這件事在媒體前引起很大的迴響，我畫出的樹狀圖一目了然，所以外界很容易理解，於是形成一股輿論壓力，把一件馬英九企圖用來鬥爭政敵王金平的所謂關說案，扭轉成違法監聽案，最後並大幅修改了通保法，用制度，更進一步地保障人權。

取得監聽案號資料那一天，我在高鐵車上爬梳資料，過程很有警探辦案的感覺。當樹狀圖拿出來，靠資料證據取勝，比口舌爭鋒更有力量的問政風格，也透過媒體傳遞出去。從此以後回到選區，選民要我兇悍一點的「抱怨」，也愈來愈少了。選民逐漸了解我做的事，也更接受我的風格。

●「偵查不公開」的目的

二〇〇八年七月一個叫育嬰坊的連鎖店廣招會員，以打折、優惠引誘消費者大量購買嬰兒奶粉。待大量消費者刷卡付清預購費用後，迅即惡性倒閉人去樓空，受害者高達兩百五十人。受害者到我服務處來陳情，我第一時間就將他們組織起來，召開二十八家關聯銀行協調，協助取回已刷卡未消費的殘值金額。

這個案子遇到重大困難，我們必須取得育嬰坊內部紀錄，知道消費者付款與已領取奶粉的金額紀錄，才能計算每一位消費者可領回的殘值金額。但這些資料在報案後已被檢察官扣押，基於偵查不公開的原則，檢察官堅持殘值證明資料不能公開。由於要求償還爭議性交易的殘值金額，有法定求償時限。等到破案、定罪後再公開殘值金額資料已於事無補，兩百五十個家庭這些年輕的父母將徒呼負負。

我認爲「偵查不公開」最重要的理由是避免串供，也是爲了保護可能的受害者。這件事如果檢察官堅持偵查不公開，卻反而會傷害廣大的受害者。結果我的理由說動了檢察長，檢察署就要我收集消費者的授權書，由我聘律師出面到檢察署拿消費者的殘值證明。這個案子最後有一半以上的受害者，及時用殘值證明取回未消費的金額。這案子也創下當時那些年，惡性倒閉的案件，還能讓這麼多的消費者拿回他們未消費的金額的先例。

這些消費者幾乎都是年輕的父母，他們知道我幫他們據理力爭的理由，都說幸好找到有學問的管媽，否則檢察官跟他們堅持「偵查不公開」，他們還眞的不知要怎麼辦才好。多年來我很少打擾檢方，我和檢方交手的，都不是司法個案，而是制度的問題，我非常堅持尊重司法獨立，任何觸犯這個禁忌的事我都拒絕，即使是民意代表習以爲常會做的事，我堅守檢調、司法部門的個案，一概不碰。

有一次一個女士來，她懷疑偵查她被告案件的檢察官偏袒原告，她希望我發函給檢方要求檢方依法公平審理。她強調，要求公平審理不算關說。我拒絕了！我認爲立法委員發出去的公文，涉及個案，即使文字寫的是公平審理，背後隱含的都是一種關切個案的企圖，這在我的定義中，就是侵犯司法獨立的行爲。這位女士最後出示一份民進黨中部立委替她發的公文，然後說 X 立委可以幫忙，爲什麼我不可以幫忙？我最後還是拒絕她的要求，我十餘年來，不曾發過這種公文。

但是，涉及制度的問題，就另當別論了。我很關心青少年吸毒與捲入詐騙現象，我曾多次質詢法務部與教育部，關心相關的問題，我做過統計，發現詐騙犯被破獲的，都是車手而不是主謀，這些被破獲的詐騙犯，年齡逐年在下降，犯罪者的年齡集中在十八到二十九歲最多，我做了一〇二～一〇五年每一案的統計，這個年齡層的詐欺犯占全部的五十三．二一％，超過了半數。因爲求職被誘騙，貪圖數千元的利益而被誘交付身分證影本、委託書，讓人代替去開立戶頭用來詐騙的案例非常多，在我的服務時間，就時常有涉案的年輕人來做法律諮詢，普遍的程度令人憂心。

有一次，一對父母帶著他們的孩子來陳情，這個孩子因爲幾千元的誘惑，讓詐騙集團用他的名義開了一個戶頭進行詐騙。案子被警方破獲，追蹤到這個孩子身上，他們才知道，這個戶頭被利用去行騙了兩百多筆款項，受害者已經從各地紛紛去報警。這個可憐的家庭，全家幾乎要崩潰了，因爲每一筆交易中來自不同縣市的原告，只要去報案，他們就得從警方偵訊、檢察官偵訊開始被傳，這一對父母就這樣陪著孩子做筆錄、受偵訊，一案一案地在全臺灣奔走，被這樣折磨是因爲我們的制度改成一案一罰，每一筆交易在當時，就被認定爲一案。換言之，這個孩子身上有兩百多案纏身，整個家庭快崩潰了。遇到這樣的案情，我就毫不避諱，第二天就去和法務部長約時間，當時是曾勇夫部長，他很快地接受我的要求，把這種類型的案件當作一個案，可以併到同一個案件去適用筆錄。

我每個禮拜都會利用週六早上和週二晚上，親自率領義務律師、會計師、代書做選民服務，來找我的，百分之九十以上都是弱勢的鄉親，所以看到沮喪的臉和愁苦的面容是常態。像孩子涉及詐騙案的這對父母這樣心焦的還有一個，這個案例也讓我改變一個重要的制度。

違憲的交通罰款，逾期二倍三倍罰

有一次，一位中年男士來找我選民服務，他拿著一張紅單來拜託我替他「銷單」。我堅定地告訴他，交通罰單無法銷單，他說有議員都可以了，我立委一定也可以。我的律師、會計師、代書、助理，七嘴八舌和他辯論，他越說越小聲，眉頭也越皺越緊，折騰很久，不願離去。我心中閃過不忍，就把罰單拿過來一看，驚見一張罰單金額竟然近萬元之譜。我才知道，原來「道路交通安全處罰條例」規定，交通罰鍰一個月未繳要加罰一倍，兩個月未繳就會變成原來的三倍，我恍然大悟，這麼重大的不合理，叫這位男士如何接受？尤其他是貧寒人家，根本繳不起，如何心服？

二〇〇九年三月十一日我對〈交通違規統一裁罰基準〉這套「逾期繳交罰款，罰金即加倍」提出違憲的質疑，例如未領用牌照行駛本刑罰款為三千六百元，但若逾期六十日以上，即加倍罰為上萬元，是非常不合理的規定，我要求交通部重視並研議改善。我認為民眾遲繳罰款，應以滯納金來看待，而國內滯納金最高收取幅度約是本金的百分之二十。但交通違規逾期未繳所需付出的「遲繳懲罰金」動輒是本罰的兩倍甚至三倍，實在非常不合理。三月二十七日我對行政院長劉兆玄與交通部長毛治國總質詢時，再度指出實施多年的〈交通違規統一裁罰基準〉根本就是「長期違憲、長期吸血」。

我根據民國八十六年大法官第四二三號釋憲文指出〈交通違規統一裁罰基準〉完全是違反比例原則的處罰規定。交通部根據這套違憲的〈交通違規統一裁罰基準〉，每年超收民眾的罰金粗估有三十六至四十三億元，我要求劉兆玄院長苦民所苦，立即改正。行政院長劉兆玄於答詢時表示，現行處罰標準確實不合理，他將責成交通部先就裁罰基準表調整，並同時盡速完成整體修法。我也呼籲在完成修法之前，目前違憲狀態的罰款超收制度也必須有緊急因應方案。

二〇一〇年五月五日，我提案修正〈道路交通管理條例〉第九條。將過去幾十年交通罰則，處罰逾期繳交罰款，逾期一個月加罰一倍，逾期二個月加罰兩倍的不合理規定改善。因為人民並沒有違規二次或犯兩次過，修正後交通罰法已經做了重大的觀念與實質改進，逾期繳交通罰款除了重大酒駕違規之外，加收本罰之外的罰款是利息的概念，最多也不能超出本罰之百分之三十。我的這個質詢與提案，讓一個大家習以爲常，卻非常不合理的制度，產生法制與法理上的重大變革。多年後的今天，我還常常想起陳情人那一幕無助之下力爭力辯的景象，也對政府每年不當的取走人民荷包裡高達四十億左右「黑心錢」，感到心有餘悸。

交通罰單的事，讓我可以爲人民看緊荷包，到今年第七年了，我等於替人民「搶回」兩百八十億了，這個數字很大，而我刪除年終慰問金至今已進入第六年，到年底，等於累計替人民省下超過一千兩百億，這又是一筆更大的數字。

●全民按捺指紋，提釋憲喊卡

我是學者從政，講求公平正義，爲了公平正義，我往往是「就事論事」。我認爲做事要講求公平正義，該說的、該做的，不會因爲是誰的政策而不說。全民按捺指紋一事，在我的努力下，臨陣喊卡就是一件「就事論事」的事。二〇〇四年選上立法委員後，隔年謝長廷擔任行政院長，那時行政院要通過「全民按指紋」，在身分證上加入每個人的指紋，就是要強制採集國民的生物特徵，以建立全民指紋資料庫。我反對它，我認爲這就是侵犯隱私權，並隱含將人民當成罪犯的「有罪推定」在裡面。

那時，這個案件在行政院已經推行得很成熟，謝長廷院長剛剛上任，就面臨即將要發包出去，廠商也快要採購機器設備。臺大法律系的學者黃昭元、顏厥安等人來向我陳請，認爲這有侵犯人權的疑慮。聽完他們的論述我也有同感，儘管行政院推動此一政策已經箭在弦上，但我認爲這件事應該要改弦易轍。政府的作法是要將它做爲未來辦案比對的資料庫，其背後是一種人民有罪推定的想法，違反民主的價值。而且在資訊安全還無法確保的情況下，會造成很大後遺症，當時民間團體對於戶籍法強制指紋按捺，也有很多的反對聲浪，包括人權界、律師界、教育界、婦女團體、醫界人士，很多人都站出來抗議，也認爲社會重大犯罪案件頻傳，並不是全民按指紋就能輕易解決的問題。

我向謝長廷院長表達反對的意見，和謝長廷院長討論後，我決定推動由黨團提出釋憲，我站在公平正義的立場，讓大法官來裁示全民按捺指紋是否抵觸憲法。我說：「行政院依法行政，立法院提釋憲，這是一種分工，民間團體不應責怪謝長廷。」也參加一些活動，包括二〇〇五年五月二十四日參加「拒按指紋五二四聯盟」記者會。

九月二十八日大法官會議做出第六〇三號解釋，指出：「指紋乃重要之個人資訊，個人對其指紋資訊之自主控制，受資訊隱私權之保障。」這件事最後嘎然而止，我也達成了保障人權的任務。謝院長用很開放的胸襟面對此事，我從不曾聽他對我主導此事有說過任何一句話。

●改革年金，刪除年終慰問金

我對自己的理念向來都很堅持，我的核心價值一直都沒有改變，就是追求公平正義。追求公平正義的理念，讓我產生莫大抗壓的力量。像要質詢年終慰問金的時候，面對的是四十四萬多人，其壓力可想而知。當我發現「年終慰問金」的問題時，雖然壓力大到會讓我感到苦惱，但最後我沒有選擇安逸逃避的路走，我決定面對壓力，從這裡著手啓動改革各種年金面臨的問題。

從一九七二年起，行政院以行政命令要求各機關發放給領月退俸的退休軍公教，到我質詢時那年編列至少兩百零二億元預算，讓四十四點五萬名退休軍公教人員可領一個半月的退休人員「年終慰問金」。這筆預算雖名為「年終慰問金」，但這筆預算其實就是「年終獎金」。這筆錢在各政府部會的預算裡都有，那時我的團隊就在思考，它合不合理？是不是公平？政府財政是不是負擔得起？這件事曾經有立委提過，但這關係到一群龐大的選民，所以都沒有窮追到底。在研究的過程中，我也曾經猶豫過要不要提出，因為政治人物去刪這筆預算，直接面對的就是得罪很明確的一群人，甚至選票就被嚇跑了。我和助理討論，他們長年待在我身邊做事，也將追求公平正義的理想內化為自己性格，一致堅定地認為應該要做。助理陳林頌是團隊最早發現這筆預算的人，他看我苦惱到體重都增加了。有一次，他直接就說：「如果這麼重大不合理的事不敢做，那麼人民選我們做什麼？」我回憶起自己從政的初衷，第一次選立法委員，我的文宣就宣示了軍公教年金制度需要改革，我自己放棄最優渥的後路，期許投身改革。於是我在困難的抉擇中，選擇一本初衷，通過了考驗。

接下來我從審查交通部預算開始提，在質詢交通部的時候我說到有這筆預算，要求他們去研議它的適當性、合法性，再拿來做為審預算的依據，可是第一次出擊沒有人注意。後來，質詢其他部會的時候，我又再拿來出來討論一次，也沒有引發很大的討論。這議題拋出去後都沒有得到迴響，所以我們再度研究，我們必須深入歷史過程，尋找切入的要害，才能在拋出後引起更多的波瀾。

最後，我們決定不在委員會裡處理，而是利用院會總質詢時，直接詢問時任行政院長的陳沖，並且找出了最有力量的攻擊點。我們從歷史脈絡著手，果然找出各縣市所有單位的預算，將它們收集起來，呈現出令人乍舌的數字，我們再找出弱點，結果發現這筆預算沒有法源，而且是在有法源，被認爲不合時宜，廢止法源後，還繼續發放。於是我直指這個關鍵，既違憲又違法。陳沖了解後也很驚訝，當場就說要改進。

●鍥而不捨，始終如一

用這個角度拋出議題後，果眞引起廣泛的注意和討論，那是二〇一二年，臺灣面臨長期低薪問題，年輕人月薪不過二十二K，退休軍公教人員沒有工作，還可以領一個半月的年終獎金，明顯不合理。連衛生署前署長楊志良也說：「公務員既然都已退休，沒有工作怎麼可領獎金？」他贊成取消年終慰問金。高雄市長陳菊也贊成檢討調整政策，臺南市長賴清德說，中央如果認爲有發放必要，就應該取得法源；若認爲不該發放，就應該要通知地方遵行。

但是，當輿論界隨之撻伐之際，反彈的力量也全力集結。退休軍公教人員一次又一次抗爭，對馬英九、陳沖產生高度的不滿，國民黨立委於是開始草擬一個分級減量，但仍維持全面發放的法案。在國民黨執政，國民黨又是國會多數的局面下，我聞到氣氛，知道保守的力量大到讓馬英九害怕的地步了。果然在十月十五日質詢後，原本陳沖已經在十月二十三日宣告只有月退俸兩萬元以下，以及因演訓作戰受傷或死亡的退休人員或遺屬這兩類人可以領，其餘均取消發放。但是，因為壓力大到無法抵擋，藍委又提出不一樣的版本，在二〇一二年十一月九日，陳沖果然退卻了，他宣告：年終慰問金「還未正式定案」，如果大家有其他建議，「我們願意傾聽。」

這種氣氛維持了一個多月，我步步為營，選擇以柔性呼籲的態度持續質詢、運作。我不斷地說：「請原諒我，但請支持我。」陸陸續續地，也呼喚出一些願意接受改革的退休人員出來發聲。連我八十多歲已退休的小學老師張啓聰先生，也特別打電話來支持我，給我加油打氣。

但是畢竟拖太久了，反彈者的集結越來越強大，到十一月底，局勢越來越艱難，我苦思對策，形同閉關三天。在二〇一二年十二月二日那一天，祭出我的殺手鐧，我宣布：我將展開連署陳沖版，已經有藍委願意連署！我賭陳沖是一個讀書人，我賭他的尊嚴重於他的利益，我賭他被我將一軍後，爲了尊嚴，不敢退卻。結果，我賭贏了！

年終慰問金喧騰兩個月，我用勇氣、膽識和堅持，打贏這場戰爭，也啓動年金改革，蔡正元說，年終慰問金刪除，瓦解了國民黨的鐵票基礎，把它納入馬英九十二項失敗全紀錄中的一項。而我，經過這次歷練，我的堅毅與勇氣，已經鍛鍊成鋼，無論被威脅丟雞蛋、被追著辱罵、被當面罵髒話，有一次甚至被潑茶水，我心如磐石，國家財政負擔不起，眞的，「請原諒我，但請支持我。」

我替高雄發聲，導致國民黨要裁撤新聞處，我冷靜面對最後救了回來；我抓到馬英九特別費一日捐出五百萬，導致國民黨誣陷我無辜的丈夫，我冷靜面對，最後還他清白；這種歷練都不如刪除年終慰問金給我的歷練。

四十四萬個家庭，百多萬人受影響，每年一個半月的收入被我刪除，反撲的力量加上自救的藍營，這是多麼艱難的任務。民進黨在野，國會不過四分之一，我的方法，我的膽識，最早的切入點，最後的殺手鐧，除了「千萬人吾往矣」的勇氣，我還需要智慧、膽識與社會說服的能力。《自由時報》《工商時報》用專文肯定我，而我自己知道，所有形容詞都不如我的自覺，我知道，做爲一個政治家，我準備好了！

第六章

生命中的一步一腳印

一碗米湯

我是窮人家的小孩，在母親柴米油鹽的掙扎下，看著她堅毅的操勞，跟在身邊知道她的憂愁，擔心她的病痛，從小這樣過來。我體驗過貧窮的滋味，看到鄰居一起玩的小孩買冰棒，自己沒錢卻忍不住，也跟著向老闆要了一支兩毛錢的清冰冰棒。老闆發現我沒錢，去向媽媽討錢，我還因此討了一頓打。這種可以寫入劇本的場景，不是戲，而是我孩提活生生的遭遇。

人們認爲「打是情，罵是愛」「不打不成器」，媽媽打小孩在那個時代是天經地義的事，媽媽的操勞，容不下小孩子找麻煩，就用打罵來發洩、管教，只是，媽媽打完眼角都含有淚光，媽媽對我其實有深深的愛。那時候，常常傍晚煮飯時，趁鍋子滾了，米湯漸漸濃稠時，媽媽總是撈一碗米湯，有時候加一點鹽，看我可憐換成加一點糖在裡面，熱騰騰地給我喝了當作零嘴，我那種享受幸福的模樣，常常引出媽媽嘴邊一閃而過憐愛的笑容，那種愛的流轉，在窮人家漏水的廚房發生，那個孩子再怎麼羨慕別人，無形中都有一股力量讓她安定、自信又快樂地長大。

從政以來，我每週一定要親自服務選民兩次，我看到千百種弱勢者遭遇的困難和痛苦，我會傾聽，我會安慰，我會盡力協助，我的服務形成一種口碑，我常常告訴服務團隊裡所有的助理，要學我那種柔軟，學像我一樣的溫暖。助理們不知道，我給選民的溫暖就是小時候媽媽教的。媽媽給我一碗米湯，在我渴望的眼神中替我加糖，看我享用，那抹一閃而逝的笑容，給了我一生最珍貴的資產，那就是：付出愛，會給被愛的人無限的快樂和幸福，媽媽的愛超越貧窮，物質再匱乏，人只要被愛，就有力量，愛是快樂的力量，幸福的本質就是愛，不是金錢。

●讓兩千個家庭站起來

找我服務的事不一定都能成功，有些事第一時間就知道無能爲力，但是我重視傾聽，我重視關愛的過程與細膩的一舉一動，我希望表達關心。不知道從哪一年開始，越來越多卡債族來找我，他們陷入貧窮的惡性循環，很多是因爲失業，長期失業無計可施時，就「以卡養卡」「以債養債」，又因負擔高利息，惡性循環終至無法負擔，而被銀行追討吃上官司。我看到卡債背後，常常關係著一家人的生計。一個負有家庭生計重責的卡債族，好不容易找到工作了，卻因卡債被銀行追討，讓新老闆以爲這個員工有很嚴重的品德問題，以致又失去工作。這種惡性循環，會使一個人即使有心想努力向上，也變成沒有機會。這樣一定是社會的損失。

面對這種案件，我要求助理要全力以赴，因此這些年來我的服務處，幾乎每週都固定排時間，爲民眾處理各式各樣免費的「債務協商」，也因爲持續、穩定與效率，幾乎已是每周固定時段的服務項目，所以各銀行也樂於配合，因此我服務處的債務協商變成非常有公信力的免費平臺，而助理柯詠婕與伍春麗也都成了債務協商的專家。十多年來已經有兩千件成功的案例，讓這些因各種原因，或被公家機關、或被銀行、或被法院，追討追訴的民眾，有順利安排解決問題的機會，讓合理的償還計畫，來創造雙贏。一個債務，卡住的就是一個家庭，這也就是說，成功二千個個案，等於協助了兩千個家庭，創造了向上努力奮鬥的機會。孩提時候媽媽給我的那碗米湯，我給了兩千個家庭！看到助理收到感謝的賀卡、感謝的信，我也會跟媽媽一樣，嘴角會有一抹一閃而逝的微笑。

除了貧窮，身心障礙的弱勢者也會來找我陳情，事情從二〇〇八年馬總統上臺開始，自二〇〇八年七月一日起台電兩次調升電價，且依電量分級收費；最高級距七百度以上每度收費五．一元，較之前費率調幅達三十六％。電價調漲，一般民眾可能以少吹點冷氣，或厲行節能來因應，但某一個族群，他們的電費永遠是省不了的，因為維繫這些族群生命的關鍵，非「電」不可。

●當呼吸變成為奢侈品

二〇〇八年有一天我的辦公室電子信箱傳來了一封陳情書，那只是我每天，外界傳給我的數十張，甚至數百張文件或陳情書中的一張而已。那是罕見疾病患者張守德給我們所有立委的陳情，他告訴我們立委，台電依電量分級收費，超過七百度收最高電價的做法，對仰賴呼吸器、氧氣製造機才能維持生命的身心障礙者而言，無疑是一種懲罰。我十分驚訝，竟然有人連呼吸都成了奢侈品，有人每吸一口氣都要付錢給台電？這讓我無法懈怠，立刻由助理回信，並安排拜訪張守德。

守德引導我深入了解這些罕病患者的生活形態，了解到患有肌肉萎縮症（漸凍人）、小腦萎縮症等身體障礙者，常伴有呼吸障礙，需要使用咳痰機、呼吸器及氧氣製造器，所耗的電量可觀，根本沒有辦法省電。另外還有俗稱「泡泡龍」的遺傳性表皮分解性水皰症及魚鱗癬患者、燒燙傷的身障者，都是二十四小時需要使用冷氣調節體溫的一群人，他們都是無法節能省電的族群，居高不下的電價實在是對他們變相的懲罰。

我認眞深入了解整個原委後，除了展開質詢，也馬上找台電總經理涂正義，希望他能正視這些罕見病友的痛苦。二〇〇八年十二月十七日涂總經理親自拜訪國會辦公室，當面答應台電每年撥款五百萬做爲補助魚鱗癬、小腦萎縮症、肌萎縮症與漸凍人這四項罕病患者的電費補貼。後來我了解在兩百零四類罕見病中，有三十六種病類必須長期使用維生器材，所以一方面由台電補助，一面我也想唯有將罕病患者的維生用電補助，形成政府政策與制度，才能可長可久。因此我邀請內政部長江宜樺討論，是否可能將用電補助擴及到全部罕見病友，並由內政部形成制度，統一補助。一週後，內政部召開「研商居家身心障礙者維生設備用電補助事務會議」確定擴大補助範圍，將所有罕病患者維生用電全部納入，同時擴大維生器材範圍，除原來的「呼吸器、氧氣機、冷氣機」，再加上血氧濃度機、監測儀、咳痰機、抽痰機等四項。而此補助措施於二〇一〇年一月十三日正式開辦，每年約有一千三百餘個家庭受惠，這些補助使患者家庭能有機會喘息，或有機會走出家庭困境。雖然做到這樣，我還是持續推動修法，最後二〇一四年一月九日立法院通過我提案的《電業法》六十五條之一，讓身心障礙者維生輔具、家庭用電，可以用發電成本的最低價格計價，讓這個照顧眞正弱勢的關懷成爲國家政策。二〇一七年一月新修訂的《電業法》，在修法過程，這個照顧弱勢的美意差一點被改變，我當然強力捍衛，讓它再度寫在新的《電業法》上面。

●米湯之愛

拜資訊科技發達之效，我與選民朋友的接觸，不再只憑服務處或街頭巷尾的拜訪，透過網路我可以隨時與選民朋友直接互動，守德之後與身障勵志作家余秀芷小姐的認識則是透過「噗浪」。余秀芷小姐有感自己搭飛機屢次因輪椅被拒的沉痛經驗，二〇一〇年四月發起「一人一信」給民航局的運動，也在我的噗浪上陳情。當時電影《不能沒有你》的導演戴立忍也在我的噗浪上留言，感嘆政府無視輪椅族的困境，不肯增設飛機的輪椅登機輔具。

我看到留言後隨即與余小姐、戴導演聯繫，了解輪椅族登機還必須由人抱上抱下，不但不受尊重，也不安全後，即在四月十二日質詢交通部長毛治國，部長承諾在五月底前完成下單、年底前採購，讓全國的機場都增加設備；不過我還是認為速度太慢，於是積極開會協調，要求務必能於年底前給殷殷期盼的身障者一個交代。民航局終於在十二月完成二十一部斜坡式登機輔具的採購，當年十二月十七日啓用典禮當天，民航局邀請十數名身障者實際測試剛完成採購的斜坡式登機輔具，共同見證我國航空服務重要的歷史時刻，航空站人員表示，第一次有這麼多輪椅族朋友同時通關，眞是盛況空前。

其實也非常感謝像張守德先生與余秀芷小姐的陳情，他們不但不為己悲，不怨嘆自己的命運，還能努力與外界溝通，積極奮發向上，也善用上天給予他們寫作的好天賦，為文介紹身障同胞的各種困境，讓外界得以知悉身障者的處境實況，也積極尋求社會注重這些問題，他們實在是奮鬥楷模。他們讓大家了解了我們的社會還有這麼一群非常弱勢的人，也激起了我進一步了解各式各樣的弱勢族群，讓我有機會為他們服務。

從被喻為「呼吸英雄」的張守德向我陳情開始，這些年我深深知道弱勢關懷政策的重要，因爲一位有身障者的家庭，往往因爲要照顧這位身障者而陷於困境，甚至造成悲劇。所以這些年我深入了解他們的處境，爲他們爭取到全面補助全國罕見疾病患者維生器電費補助並建立制度；修訂《身心障礙者權益保障法》，規定語障人士翻譯需求服務政府不得有時數限制；成功爭取聽語障人士每月四百通簡訊免費，手語溝通之必須的視訊電話，比照語音電話費率；爭取北、中、南選定醫院，設立呼吸照護專區；爭取全國增購復康巴士達最初的全國五百一十二輛；也修法規定復康巴士使用交通票價優惠不能有設籍限制；明定罕見疾病研究、防治得以既有的菸捐作爲財源；主導修訂「擴大公共建設特別預算」建立就學安全網，要求教育部全面框列補助營養午餐、學雜費、助學貸款等預算；也曾針對漢生病患領銜提出照護賠償條例；提案禁止請產假的女性公務員考績自動列爲乙等的陋習；爭取受暴婦女保護令費用由政府代繳等等；也主導修訂教育基本法，明訂禁止學校體罰，使臺灣成爲全球第一百零九個禁止學校體罰的國家。

媽媽的那碗米湯給我濃烈的愛，讓我知道愛的力量，也給了我愛別人的能力，我的傾聽、我的心軟，其實就是米湯之愛的結果。

二〇一六年我競選連任時，特別在文宣上向選民介紹我要求服務團隊引爲座右銘的兩個日本語彙：「おもてなし」和「一期一會」。「おもてなし」（歐默特納喜Omotenashi）這句日語是用來表達一種服務的精神，較接近的中文是「款待」，也就是「將一件事圓滿達成之意」，衍生爲「察言觀色，盡心盡力，服務到底的一種服務精神。」日本申辦二〇二〇東京奧運時，爭取奧運的代表團「東京招致團」，每個人渾身解數，精采與熱情的演說是感動評審很關鍵的因素。其中電視主播滝川雅美，就以這句獨特的日本語おもてなし，說明日本將會有一種獨特，在乎每一個人每一件事，讓人終生難忘的貼心服務。她以流暢的法語說明這句話的精神，加上婉約的合掌手勢，傳達日本的歡迎禮儀與待客之道，讓這個字成了東京奧運的代言辭彙。至於「一期一會」，這句日語所指的是：「茶道的待客之道，將每一次相聚，都當成是人生唯一的一次機緣，因此盡心盡力，務求圓滿。」

我把媽媽的「米湯之愛」轉代爲這兩句話，形塑了服務團隊的工作想法，天上的母親應該也會感到欣慰。

爸爸買的吉他

我從小貼身在媽媽的身邊，和爸爸在一起的時間不如媽媽，我對爸爸的人生際遇了解不多，只知道爸爸小時候立志做警察，但從無機會。爸爸後來被徵去菲律賓當軍伕，回來後從商失敗。所以，父親不是上班族，沒有穩定的收入。媽媽是全能的女性，用養豬、家庭手工業賺錢，和利用種種免費資材（例如樹皮當柴）來省錢。有一段時間，爸爸買了一個冰櫃和一個機器回家，一部用滾輪磨拌軟膏的機器，然後有一陣子，家裡的大人會用手工製作化妝品的粉條，然後出售給藥妝行，隱約了解，好像是某一種品牌的代工。

但是顯然生意並不好，爸爸還經常胃痛，媽媽就用橄欖根炒紅棗下去燉給爸爸喝，媽媽認爲爸爸因爲抑鬱，因此胃不好。這種情況下，我的大哥爲幫忙家計，本來可以直升臺中二中，卻選擇讀臺中高工，早早出社會去賺錢養家。服完兵役，也白天上班，晚上才去念中國醫藥學院藥學系。一直到我高中的時候，爸爸開始北上，在小姑媽的鋼鐵公司上班，我們家庭的狀況才逐漸改善。

爸爸在我考上大學那年，有一天週末從臺北回來，扛了一把吉他送我，那是我一生第一次得到一個盛大的禮物，爸爸工作賺錢，可以獎賞孩子了。豐原的家離火車站走路不到十分鐘，那天我去火車站接爸爸回來，扛著爸爸給我的吉他，十分鐘的那一段路，對我而言，就像成語說的「康莊大道」，我一步一步好不神氣，走路有風似地回家。

爸爸送我的吉他，是一家之主擺脫失業後，全家扭轉命運的表徵。那一年暑假，我因爸爸送的吉他，所以去報名豐原大專青年聯誼會的吉他班。我感覺自己從街坊中羨慕別人的「身分」，變成了考上大學、又有吉他、爸爸在臺北上班，這種被羨慕的「身分」。並非驕傲，但就是感到很有面子、很喜歡的一種感覺。或許，那就是「出頭天」的感覺吧！

選民服務時，只要和失業有關的事，我都全力以赴，並且在問政的方向上，特別把「創造就業機會」當做應有的責任。爸爸的吉他，我至今還珍藏著，失業的痛苦，就業的快樂，都在這一把吉他看到答案。

●恩師張啓聰先生

失業的父母，望子成龍望女成鳳的心應該是一樣的，甚至更爲殷切。有一件事情我一生都難以忘懷。我小學五、六年級的導師名叫張啓聰，他是對我人格影響至深的老師。當年，張老師很疼我，他希望我可以升學到臺中私立曉明女中，以便將來可以考師範當老師。那樣不但讀書不要錢，將來畢業後就可以當老師，也不必擔心就業問題。當年雖然已經實施九年國教，但社會普遍對國民教育信心不夠，資優學生多以報考私立中學爲目標。張老師希望我能讀一所有很高升學率的學校，以便初中畢業後能順利考上師範學校。

民國五十八年的時代，中小學補習風氣相當熾盛，各校家境過得去的學生，都盛行花錢在老師家惡補。但張老師是少數堅持不補習的老師，班上家境好的同學，就參加別班老師的課後補習。張老師認爲我和另幾位同學資質很好，他鼓勵我們去讀私立初中，但我們的家境多清寒，無力花錢，甚至也不知要去補習，因此張老師怕競爭激烈，我們考試會有意外。因此放學後就留我們幾位同學在教室，每天義務幫我們複習功課，等到差不多要吃晚飯時，再讓大家回家。

後來我們幾位同學全部都考上了臺中曉明女中、衛道中學、懷恩中學等等，張老師很感欣慰。不過到註冊時，因爲家裡沒有辦法支應我到臺中去就讀私立學校的費用，就決定仍然去讀離家很近的縣立豐原國中。張老師等到曉明女中註冊過了，才知道我沒有去報到註冊，當時張老師覺得很可惜，就寫信向曉明女中爭取，說這個學生雖然錯過了註冊，但推薦曉明女中一定要讓這個學生補註冊，經張老師極力說明，結果曉明女中居然被說動了，同意我去補註冊。張老師就來找我的爸爸，說曉明女中同意讓我補註冊，三年的註冊費就先讓他出以後再還。

爸爸幾經考慮，最後，雖然告訴我若眞的想念就去念。但我怎不知道父母的爲難？課餘我都必須幫媽媽餵豬、幫帶別人小孩賺點褓姆錢、幫忙家庭手工補貼家用，怎麼好去念需要花很多錢的私立學校？我最後告訴爸媽決定去離家很近，可以走路上學的豐原國中就讀。沒想到我還是以第一名從豐原國中畢業，考上臺中女中，就這樣一路讀到臺大取得博士學位。

後來我回到臺北大學服務，父親很欣慰，有一次，父親若有所思地跟我說：「當年雖然沒有讓妳去讀曉明女中，考師範，但最後妳還是可以當老師。」我突然驚覺，原來當年沒錢讓女兒去讀曉明女中，爸爸竟耿耿於懷一輩子，當時聽到爸爸那樣說，實在很不忍。失業的一家之主，讓孩子的老師來說願意借學費，心中多少惆悵。雖然父親已過世多年，但每次回想起這些往事，我總是禁不住淚珠盈眶感念不已。

●世界調酒藝術之都

來自爸爸曾經長久失業的家庭，我很在乎要創造就業機會。在談創造就業機會之前，我想要回溯到市府時代，回顧一件事。我在擔任高雄市新聞處長時，有一天看見一群年輕人在路邊甩瓶，我很好奇就下車詢問他們在做什麼？才知道原來他們是一群喜愛調酒藝術的年輕人，其中幾個都是中輟生。一位調酒協會教練郭朝坤先生，想讓他們學一技之長，於是將他們召集起來，教他們調酒。調酒的基本功就是甩瓶子，由於剛開始練甩瓶時，瓶子掉下會破，所以他們就到處被趕，趕到無處可練，只好在路邊甩瓶練習。

我知道原委後，立刻向謝長廷市長報告，並建議提供文化中心一處草坪，讓他們做爲專屬的練習場地。後來，我和郭教練及這群年輕人成爲好朋友。擔任立委以後，我也盡力幫他們爭取經費出國參加比賽，或在國內舉辦國際比賽。從那之後，已經擔任國際調酒協會（IBA）亞太區主席郭朝坤就帶領這群孩子們，開始在各種國際比賽中發光發熱，十幾年來屢獲大獎，從早前的世界盃傳統調酒冠軍：臺灣甜心龔惠君、調酒小魔女郭植玲、蜘蛛人許博勝、嘉南藥理科大的梁道根，和春技術學院陳仕徑等傑出的選手，拿下各種比賽的花式冠亞軍等等，成績斐然。

二〇一五年更打破世界紀錄，臺灣榮獲傳統與花式雙料總冠軍。這是國際調酒協會（IBA）從一九五一年成立以來，第一次有國家拿到雙料冠軍。也因爲這個機緣，高雄就成爲名符其實的世界調酒藝術之都，對於這群年輕人的表現，我也感到無比的驕傲與光榮。高雄的年輕人的未來有很好的發展，也代表了高雄的未來生生不息。一次意外的邂逅，讓我看到年輕人力求上進可以成功，也體認到爲政者的作爲對人民的影響那麼大，這件事，強化了我從郭教練夫婦身上看到的事實：「給年輕人機會可以改變年輕人的命運。」這段情，深深影響了我。

●為運動選手找出路

其實，高雄還有很多年輕人，表現傑出，在國際上發光發熱。例如棒球陳偉殷、桌球莊智淵，到最新的世界羽球球后戴資穎等等。高雄有良好氣候，傑出的運動員，與熱愛運動奉獻的人士，可說是地靈人傑，其實高雄值得國家投資並建構更好的環境，讓更多的運動員能在高雄安身立命，馳騁世界。但是這些傑出的運動員，還包括職業運動員，普遍都有就業的問題，他們當選手時為國爭光，退役後卻找不到工作，淪為清潔工等新聞時有所聞，這是非常令人不捨的事情。

二〇一〇年五月二十六日，我以「教育文化委員會」召委的權力強力運作，用我與王幸男等委員的版本，提出《國民體育法》第十三條修正案，並在立法院三讀通過。高中以下學校設體育班者，每校至少置專任運動教練一人；其每年級均設體育班二班以上者，至少置專任運動教練二人。各級學校沒有體育班的，得遴選專任運動教練，從事運動訓練或比賽指導工作。直轄市、縣（市）政府所屬學校設體育班者，每滿六班，直轄市、縣（市）政府得就中央主管機關指定之運動重點種類或項目，指定所屬學校增聘專任運動教練一人，巡迴各校從事運動訓練或比賽指導工作；修法以後，全國高中以下各級學校及縣市政府，可以聘請一千一百零二位專任教練與巡迴專任教練。這個修正案，讓運動員有一個依照教育人員任用條例，可以提供他們發揮專長的職業，創造了運動選手終身就業的機會。

二○一三年五月我也在立法院提案要求交通部觀光局邀請優秀體育人士代言觀光，交通部觀光局二○一三年十二月成功邀請旅日棒球好手陽岱鋼，擔任不分區國際光點計畫的親善大使。結果陽岱鋼在記者會上強力推薦高雄駁二藝術特區，讓我大讚陽岱鋼果然有好眼光。

●反霸凌，向蔡英文主席求援

另外一個創造就業機會的修法，是我在二○一○年推動的「國民教育法第十條」修法。我們的中小學系統，過去一直都沒有專業的心理輔導系統，常常就是將這些工作交給沒有專業的導師或訓輔教師做，他們對這個領域並不專精，自然沒辦法做得很好。甚至，心理諮商的專業在臺灣社會還被懷疑，當說起要去看心理醫師、心理輔導老師，學生就會被貼上標籤，因此被家長或學生本人拒絕，可是心理輔導眞的很重要。二〇一〇年，我利用霸凌案件轟動全臺的時機，修訂了《國民教育法》第十條，要求政府一年撥二十三億，在全國國民中、小學內聘請專職、專業、有執照的心理輔導師、社工師。讓我們的孩子從小學到國中，在他們需要特別的心理扶持時，學校有專業的人陪伴他們長大。我認爲，心理輔導師的專業進駐校園，能夠長期改造校園的體質。

會推動這件事，是在選民服務時遇到很多校園霸凌案件，其中有一些甚至是訓育霸凌。二〇一〇年七月一日，一位哭泣的母親來找我，她說兒子因爲在和女朋友在校內親吻，被記了一支大過。母親說，後來校長還要求必須轉學，否則要將兒子退學。她是一個單親媽媽，人在外地上班，所以兒子必須讀寄宿學校，被要求轉學，何其爲難。經過一段交涉，我讓這個孩子留在學校了。但是，對我來說，這個案件沒有結束，我看到我們的孩子沒有被正確的對待，在校園內也沒有夠專業的人來協助小孩的心理輔導，孩子一不小心，就會被無辜的傷害，爲此我耿耿於懷。這個案例爲什麼叫霸凌？在我看來，學校給予孩子不符合比例的懲罰，就是一種訓育霸凌。

選民服務這些年，很多這種案件，有學生因爲過動，被老師排斥，最後用不當處罰、抹黑、記過來要求他轉學的；也有因爲不交作業，一個學期被記三十七個警告，可以在一天之內記四個警告，處罰成這樣後，要求他轉學的。校園的訓育霸凌何其多，「輔導轉學」根本違法，但卻在各地頻頻上演。

非心理輔導專業的老師、校長們，面對特殊案例的學生，先以「壞學生」「行爲乖張」等標籤分類，然後以懲罰爲手段，輔導轉學爲目標。這一套訓育霸凌的SOP，我看得心驚膽顫，幾年來，像這種遭遇被我搶救下來，而且改變學校的態度、改善學生學習的案例，多達七人。這些案件，讓我對校園中專業的心輔體系這件事，十分關切。從杜正勝部長時代，我就和他交涉，拖到二〇一〇年，才完成目標。

這個法案在審議時，立法院同時有兩個重要的法案在協商，另一個法案是反對置入性行銷的議案，它更受到民進黨的重視，我的案子就被擱置，本來無法通過。但是我認爲這件事很重要，無論如何都要讓它通過，審法案當天的清晨五點，我傳簡訊給時任民進黨主席的蔡英文，和她討論。請她體認校園布建心輔系統的重要性，並責成柯總召在協商時要支持。整個協商過程，我面對洪秀柱、趙麗雲等國民黨立委的阻擋，我傾全力強力運作，歷經拍桌、嗆聲、強烈衝突等，終於在立法院順利過關。以當時估算，一年需十多億經費，全國可以聘請二千五百一十位輔導老師、心輔師、社工師。

法案通過，除了在校園啓動了專業心理輔導體系，照顧下一代，也等於是幫助這二千多位專業人員，找到一份適合他們的工作。

如果全部補滿人力，二千五百一十位心理輔導老師、社工師，加上一千一百零二位專任教練與巡迴專任教練，經由兩項修法，我就創造了三千六百一十二個就業機會，爲年輕人創造一個舞臺，讓他們的人生因爲找到適合自己的興趣而發光發亮。我舉這些例子是要說，創造就業機會，並非只有開公司設工廠而已。開公司設工廠當然很重要，但是就像我任新聞處長時，開辦街頭藝人考照，廣劃區域讓他們發揮才藝，至今仍被很大一群街頭藝人懷念不已。要讓高雄市民，尤其是年輕人，能夠在高雄安身立命，發揮生命的熱力，讓他們的高雄夢能飛翔，在各領域創造機會，是政府與從政人員責無旁貸的使命。

●廢墟重建，搶救軟體科學園區

當然，最不爲人知的，是高雄市軟體科學園區的案例。二〇〇五年我初任立法委員不久，高雄的企業界來找我，他們對高雄軟體園區開發商倒閉，園區成為廢墟，沒有人願意承接，感到十分失望。尤其當時的電腦公會幹部，更是從充滿想像、期待，到幾乎氣餒、失望。我剛上任，初期從政，本來應該很生澀，但是剛好相反，我第一時間就知道，這對高雄的產業轉型是帶頭領航的指標計畫，高雄要從傳統重、化工產業轉型為軟體科技產業城市，軟科開發只許成功不許失敗。但是面臨的困難是，原開發商的債務誰敢承接？冷清的園區從無到有招商失敗的風險誰敢承擔？這兩大難題讓高雄市企業界沒有人敢挺身而出。有一次，和原開發商有合作關係的業者來找我，他們表達了嘗試的意願後，我隨即和經濟部長何美玥展開協調，這個案子達陣、成功了。

高雄軟體園區吸引了一百五十餘億的投資，二百多家廠商進駐，創造了四千多個就業機會。我和何美玥的合作順利後，進一步和他協調全國第一個遊艇專用下水碼頭，也順利完成，何美玥部長從此對高雄的經濟發展一案一案的推動，協助，成為高雄最好的經濟顧問。晚近政府將在軟科布局體感經濟產業園區，幕後也借助他的推動。軟科早期還很荒涼的初期，中山大學林根煌教授就以中山大學南區促進產業發展研究中心進駐，並且輔導成功好幾家新創產業進駐，他最知道我和何美玥部長當初搶救軟科的重要性和關鍵影響。新政府對體感經濟產業園區的推動，也有他們兩人共同使力的貢獻在裡面。

作爲高雄市的民意代表，我成了直接創造就業機會、推動產業布局十分成功的人，我感到很欣慰。當年父親送我吉他，我知道就業的重要。不但創造就業機會，我更多次搶救失業危機。

●失業關懷與勞工扶助

經濟發展停滯期的臺灣，很多勞工突然遭到大量解雇，這種案例層出不窮。我擔任立法委員後第一件處理的勞工事件，是在二〇〇五年四月二十九日剛上任後不久，我突然接到陳情，行政院體委會國家運動選手訓練中心，無預警地集體提前解約，解雇十五名員工，這對那些員工來說簡直是晴天霹靂，家庭生計頓失依靠。他們來向我陳情，我立刻召開協調會，結果三天後五月三日，訓練中心自知理虧，就將解約書收回。那些員工致贈我的感謝函說：「事隔三日後，案情逆轉有如撥雲見日一般。」這個案子讓我警覺選民付託的責任重大，一個人失業等於一個家庭瀕臨崩潰，救失業要如救火，從此我對這類事件的關懷，總是即知即行，全力以赴務必協商圓滿解決。

又如高雄圓山聯誼會員工資遣案，圓山大飯店產業工會及高雄圓山聯誼會會員在二〇〇八年十一月二十二日至我服務處陳情，「財團法人敦睦聯誼會」，即圓山資方，敦睦聯誼會下有臺北、高雄兩地聯誼會及飯店共四個作業組織，在新任董事長張學勞及總經理蔣祖雄就任後，九月十五日召見工會幹部時，聲明「不公司化、不裁員、保障員工既有福利」的承諾言猶在耳，卻片面以聯誼會業務無法維持，打算在十二月二十日解散聯誼會，並將聯誼會一百零八名員工全數資遣。這件事我積極協調，最後在十二月三十日圓滿落幕，讓這麼多的家庭，免於突然失去依靠。

臺灣晚近也不斷出現公司併購的案例，公司被併購時勞工權益可能受到無端損失，如大衆銀行被元大併購案，合併後原大衆銀行勞工的權益無法協商，他們原擬上街抗議，但在高雄市產業總工會江健興理事長引薦下來向我陳請。我立即致電金管會主委曾銘宗，要求元大金控妥善處理，並與大衆銀行工會協調，最後也獲得圓滿，勞資協商出合理的條件，而沒有上街就讓爭議落幕。

勞工的遭遇即使在政府所轄的教育或事業單位，有時也充滿被剝削、被欺壓的窘境。衆多案例中兩個案例，牽涉的人很多，而受不當待遇的狀況也很嚴重。

一個是中華電信，中華電信曾經由金融研訓所替子公司「中華國際黃頁股份有限公司」招考人員，在招考進來試用期滿後，無預警要求他們簽署平行移轉到另一家宏華人力資源公司的同意書，他們下午三點送來，四點就要決定，若不簽署，不予正式錄用，第二天就要資遣。原來中華電信將把櫃檯與客服業務切給派遣人員擔任，又不願意背負大量派遣人員的汙名責任，於是出此下策，形同引君入甕，欺騙了這三百多個年輕人。

我接到這個陳情案後，幾經協調，最後讓中華電信將「宏華公司」從人力派遣公司，改立為一般企業公司，讓員工享有制度性的福利與待遇，免除了經考試錄取卻變成派遣工的命運。堂堂中華電信都無法善待年輕人，為降低成本，形同詐騙，此案令我十分震驚。

好在我平時問政有一定的威望，在藍營執政，又是交通幫勢力的手中，這麼重大的案子，我沒有用輿論壓力，只是鍥而不捨，一再協調，最後協調成功，我很感欣慰。

另一案例則是臺大語言中心國際華語研習所兼任的老師來找我。她們是臺大外文系所屬語言中心的老師。在語言中心二〇一三年八月二十六日突然通知不續聘的裁員過程中，竟然沒有依勞基法的規定給予資遣費，學校引經據典，聲稱語言中心的教師是以校務基金教學人員聘用，排除在勞基法適用範圍之外。導致老師們雖然一直繳勞保費，卻不能適用勞基法。我的辦公室經過法令的爬梳、研究後發現，根據勞委會二○○七年十一月三十日的公告：「公部門非依公務人員相關規定所進用之臨時人員，自二○○八年一月一日起適用勞動基準法。」語文中心的老師顯然符合所謂「公部門非依公務人員相關規定所進用之臨時人員」，學校焉能排除他們適用勞基法？

白紙黑字的公告，保障了臨時人員的權利，臺灣大學卻不遵守。這個個案協調過程中，校方原本堅持付不出錢，但最後也必須屈服，我找了勞委會、教育部、臺灣大學、臺北市勞工局不斷協調，結論出來，除了保護臺大老師，更一體適用到全國所有語言中心的老師及所有教育現場的臨時人員，嘉惠無數被錯誤對待的人。教育部這件事情錯了五年，到二○一三年才被我改革。政府機器浩瀚巨大，哪裡有錯了，不一定會被知悉，不一定會被糾正，被我知道了，我就全力捍衛弱者的權益。

●諸多弱勢者權益的搶救

二〇〇五年我協助環亞、聯亞製衣廠百餘位遭資遣員工，成功爭取回應有的資遣費。二〇〇六年九月四日我協助高雄市彩券工會及身障團體，成功向財政部及中國信託公司爭取經銷販賣者應有之勞動尊嚴及權益。二〇〇八年十二月十六日領銜提案要求捍衛勞工權益，企業無薪休假月薪不得低於基本工資。二〇〇八年十二月新光人壽保險業務糾紛，公司將招攬責任歸咎於業務員，並開始對四十三名業務員扣薪懲罰，二〇〇九年五月九日業務員共三百人集體向我求援，也是歷經多次協商，我圓滿解決，保護全數的業務員免於被罰。二〇〇九年無薪假延燒，三月十二日我提案要求獲國科會補助廠商不得裁減現有相關人員，避免製造另一波失業潮。

二〇一〇年四月十二日我接到陳情：雪山隧道消防人員共四十一人被解聘，我也立刻為他們的工作權益召開協調會，要求徹查壓榨勞工情事，並持續修法為雪山隧道安全建立完備機制。二〇一〇年四月十五日我揭露承包政府委外勞力的派遣公司，八十五%違反勞動法令，四十一%未核實申報勞保薪資，要求政府全面徹查。二〇〇八年八月兩岸 ECFA 及就業服務法擬放寬中生兼職或專職打工，將造成國人就業問題，我帶頭與立院同僚強力捍衛國人就業機會。

二〇一〇年九月我接獲學生家長陳情，知道建教生遭校方與廠商聯手剝削的情事，我也立即著手調查。九月二十四日我就在總質詢時，要求行政院承諾建教生準用勞基法與建教生人數不放寬，爲建教生勞動權益發聲。二〇一二年初，高雄南臺灣客運司機因跨年夜加班薪資與公司產生爭議，十六名司機休假抗議，卻遭不當解雇，我迅速召開協調會達成司機復職，讓爭議圓滿解決。二〇一〇年底高雄縣市合併後，原高雄縣勞動檢查業務由中央接管，造成勞檢一市二制，對勞工朋友的保障不完整，二〇一二年三月我偕同市籍立委要求勞委會優先、限期解決。二〇一二年五月十日我提案輪胎安全列入汽車定檢項目，交通部隨即修訂法規，於二〇一四年實施，保障了全國駕駛人的行車安全。

我也曾在二〇一二年十月十一日在立法院衛環委員會提案，要求確保勞保基金由政府撥補潛藏債務，明定政府最後支付責任，讓全國勞工都能領到退休金。這項立法精神，將可能以定額撥補的方式，成爲勞保年金改革的項目。而爲了落實保障勞工權益，我也曾提出「勞工保險條例」部分條文修正案，於二〇一二年十二月四日三讀通過，讓勞保比照公保，將保險給付請求權由兩年延長爲五年。

二〇一四年七月高雄郵政工會請我爭取調整基層人員待遇，我即與中華郵政公司展開密集協商，最後也成功爭取加薪，全國郵政人員全面三萬起薪，受惠近八千人，並帶動國營事業的調薪。過去，郵務士健康檢查依法定最低標準，是三年一次，由於郵務士猝死事件，我在立法院交通委員會委員質詢時，常常有關心郵差職勤安全與健康的意見，郵政公司終於在二〇一七年一月三日行文交通部，爭取讓五十歲以上的郵差健康檢查改為每年一次，經費郵政公司自理。行文出去之後，我一路協助溝通、爭取；並不斷追蹤公文。終於在日前，行政院核定了，郵政公司董事會也通過了。二〇一六年三月，我揭露遠洋漁船觀察員人力嚴重不足、薪資待遇低落的問題，農委會迅速反應於二〇一七年預算補足人力，有助臺灣遠洋漁業，更改善漁業勞動環境。二〇一六年七月我揭露農藥代噴勞工暴露於致癌風險，要求政府重視健康監測、安全作業規範及防範措施，並且於全國推廣農藥代噴訓練，提升農業勞動安全。

我仔細列出這些保障弱勢勞工的服務，檢視自己在搶救失業上陪伴過的朋友，我很想告訴他們，我在父親長期失業的家庭中長大，我知道您們的感受，我呼吸過同樣凝重的空氣，我願相伴！

我很感謝劉思龍律師和我的主任周嵩祿，他們自學生時代開始，都長期從事勞工運動，非常了解勞工。劉律師十餘年來擔任我的義務律師，陪我主持選民服務，有他們兩位勞工問題專家，讓我贏得了勞工朋友的肯定。

●一步一腳印

過去我長年樂活於教書生涯，街頭抗爭的時代也幾乎無役不與，再加上這十八年的高雄歷練，國家政策與地方事務，國會論政與基層服務，對我來說根本就不是問題。跑行程、拜訪、婚喪喜慶其實我也樣樣來！無礙我的國會論政與地方服務。我照樣擔任黨團幹事長，這些年我也分別擔任過立法院教育文化、交通、經濟等委員會的召集委員，服務、問政、監督與立法，都受到很多的讚譽，甚至上一個會期修《電業法》還受到蔡英文總統的稱許。

我每天南來北往，每晚與假日幾乎都有跑不完的行程，服務事項更是廣泛，要幫選民處理急難事項、協助急病就醫、債務協商、法律諮詢、證婚致詞、哀悼往生、關懷就業、處理委屈，連國家公園的鹿撞到民眾的車子，也要找我開協調會來釐清責任，種種服務事項難以一一贅述。如此之下，要善盡開會的責任，只能利用空檔研讀準備立法院的功課，我因此常常利用半夜上網找資料，或在網路群組討論事情與法案。當然開會期間，每天早上都要早早趕高鐵到立法院登記發言，處理事情。在本書中要與大家分享的，都是我所思所想的公平正義與國泰民安，也都是一些我服務過的事項，這些都是我甘之如飴的生命印記，也是我生命中的一步一腳印。媽媽的米湯讓我知道對貧窮與身心障礙的弱勢者付出關愛；爸爸的吉他啓發我對搶救失業與創造就業的努力，我最後，用賴清德市長的演講作爲這一章的結束。

●政治作爲一種志業

二〇一六年一月十三日寒流來襲，夜晚的高雄市寒雨刺骨，臺南市長賴清德在陪我的競選車隊掃街後，至三鳳宮爲我的「關鍵之夜」晚會助講。那一天賴市長指出他與我有二十多年的情誼。在二十多年前他還是成大醫院的醫師時，曾在臺南公園聽民進黨演講，當時有三個人的演講讓他印象很深刻，一個是施明德，一個是蘇貞昌，第三個就是我。他說：聽著當時還是中興大學教授的我的演講，講到我爲什麼要離開校園，參與政治，主要是爲了下一代，當時他很感動。

賴市長說，後來有緣與我在立法院當同事，看到管媽的質詢，賴清德稱讚我是他心目中第一名的立委，是專業中的專業，賴市長進一步說明所謂專業中的專業，賴市長說一般所說的專業，只是百分之百出席開會，沒有經營副業，但是我除了符合上述的條件，還有探討問題的深度，我特別能發掘問題，也能解決問題，還有道德勇氣，實現社會正義。

賴清德指出很多委員是看報紙問政，但是管媽的問政卻屢屢登上報紙頭版，以年終慰問金為例，當時國內四大報都以頭版頭報導，也因為管媽，臺南市府每年省了五億元，幫了臺南市很多忙，這些錢也幫助了更多弱勢，做了很多事，他很感謝管媽。

賴市長美言，我很感謝，我知道在我即將爭取為高雄做更多的服務時，他可能就沒辦法和我站在一起，我能理解，政治就是這樣。但政治再怎麼現實，並不影響我視政治為一種志業的熱情。

大學者韋伯（Max Weber）曾在他的「政治作為一種志業」那篇不朽演講中，提醒自由派學生面對政治的失望時，一個「政治志業家」不能陷入常人會有的恨怨、庸俗、痲木或遁世態度，而應該要有「即使如此，沒關係」的熱情，有千萬人吾往矣的勇氣，或千山我獨行不必相送的志氣。臺灣的國家地位，臺灣的國家經營，臺灣的文化、藝術、環境或科技等等的更上一層樓，都需要我們把這些國家改造工程當成一種志業去實踐。

第七章

我們永不放棄

政治作爲一種志業，必須千萬人吾往矣，國家的生存發展，何嘗不是一種永恆的奮鬥！從十七世紀開始，臺灣歷經荷蘭東印度公司、鄭氏王朝、滿清政府、日本政府、國民政府，到現在已經有自己民選的總統，有自己民選的國會，有自己的政府，有自己統治的有效領土，有自己的稅收，有自己的軍隊等等，世界超過三分之二以上的國家，以國家的各種規模而論，都不如臺灣，但臺灣爲何不能得到世界主要國家的承認？我們的命運爲什麼會如此悲哀？我從黨國教育的價值掙脫之後，這個問題很自然撞擊著我，踏上從政之路，我也很自然的步上了「國家的巡禮」之路。

●我給蘇葆立的聲明

我在本書第二章說過，一九九六年我受美國政府邀請赴美訪問。那次美國行，有一個重要的參訪，就是訪問「美國國家安全會議」及「美國國防大學」。那一次我進到白宮，與美國國家安全會議的亞洲主任蘇葆立（Robert L. Suettinger）直接面對面的會談。因爲此人除了爲中國專家外，也是兩岸問題的專家，對當時美國對臺政策具有相當的影響力。爲此，我在出發前特別與國內的學者專家，尤其是當時的國安諮詢委員陳必照教授討論後，決定趁這難得的機會，表明我認爲對臺灣是很重要的立場，所以我鄭重地準備了一份書面的聲明，其中最重要的幾點是：

一、臺灣經過百年的奮鬥，臺灣人民於去年（一九九五年）終於有了第一次自己選總統的機會，臺灣人民開始享有民主的權利與自由，臺灣不再屈服於外來統治，多數臺灣人民當然感謝美國對臺灣的協助，但臺灣前途應由臺灣人自己決定，沒有任何外來力量可以介入，特別是從未統治過臺灣的中華人民共和國，沒有臺灣人民的同意，根本沒有合法權力可以來統治臺灣。

二、鑑於臺海飛彈危機，美國應該讓臺灣加入「區域飛彈防禦系統」（Theater Missile Defence System, TMD），以維持區域的穩定與安全。

三、過去美國對臺灣人的簽證，名義上都是在香港簽署，一九九七年七月一日後香港即將回歸中國，過去美國並沒有承諾臺灣人的美國簽證應在香港簽署，所以香港回歸中國後，臺灣人民的美國簽證，不可再於名義上在美國的香港總領事館簽署。那時臺灣人民所繳納的美國簽證費是全世界最貴的，應該直接在臺灣的美國機構簽署。

四、從一九七三到一九七八年，美國與臺灣，在華盛頓與臺北有彼此的大使館，在那同時美國與中國也在華盛頓與北京各有稱爲Liaison Office，實際上是大使館的官方代表處。這樣的安排，其實是雙重承認，中國那時並沒有反對，所以我認爲美國也應適時地改變我們彼此政府的代表機構，我們「TECRO」改爲「臺灣代表辦事處」（Taiwan Liaison Office in the USA），而AIT也請改爲美國代表辦事處（US Liaison Office in Taiwan）用代表處相稱，以反映事實。

五、我們呼籲美國協助臺灣加入國際政府組織（International Government Organizations, IGOs），尤其是在兩岸同時加入世界貿易組織（WTO）後，我們希望能加入世界銀行（World Bank）、國際貨幣組織（IMF）、世界電信聯盟（International Telecommunication Union, ITU）、世界衛生組織（World Health Organization, WHO）等等。

我當時的那些訴求，在那樣實事求是、現實無比的場域中，有些就當面被直接洗臉、被一口回絕了。蘇葆立甚至說：「妳今天來跟我這樣說，但是你們臺灣到底要我們聽誰的？你們說的是一套，國民黨說的又是另一套。」那一次的參訪，我明確地醒來，我確切地知道，美國所思考的永遠是美國自己國家的利益。不過事過已二十多年了，我仍然以在那樣的場合，勇敢提出我的看法，我以我的訴求爲榮。事實上，經過歷屆政府的努力，像簽證問題早已獲改善，且我國也已經加入WTO。但還不夠，我們還有很長的路要走要努力。

臺灣在國際上受到很大的打壓與不公平的對待，我經常發現一些國家處理臺灣人民的簽證，將臺灣稱呼爲「中國的一省」。這些事只要我知道了，我一定盡力處理。二〇〇八年七月十五日於澳大利亞雪梨舉行梵蒂岡主辦的「二〇〇八世界青年大會」，活動報名網站在「國別」中，臺灣被加註「中國臺灣省」。臺灣有五百名青年由天主教臺灣主教團帶領前往參加，註冊時選擇國家別，臺灣被要求加註爲「中國的一省」「Taiwan，Province of China（中國臺灣省）」。我知道後立刻要求外交部立即交涉、請他們撤換網頁。

●糾正CNN誤報我國名稱

CNN於臺北時間二〇一〇年二月二十七日晚間播出智利強震後海嘯預警新聞，CNN在播報及網頁上引用美國商務部（United States Department of Commerce）所屬，國家海洋氣象局（National Ocean and Atomspheric Administration）的太平洋海嘯預報中心（NOAA Pacific Tsunami Warning Center）之海嘯預警資料，將臺灣以「Chinese Taipei」列在智利震後海嘯警戒區域的最末。美國竟然把臺灣稱呼爲Chinese Taipei，這是從未有過的事，這也是相當嚴重的警訊，美國官方文件未曾如此命名臺灣，外交部與國安系統到那時還茫然不覺，我一發現立刻致電外交部，要求外交部處理後，CNN網站才獲得修正，我也要求政府應限時向美國政府交涉更正。

我也在二〇一〇年五月二十六日發現荷蘭外交部網站，將荷蘭駐臺貿易投資辦事處，與北京大使館、廣州、香港、上海領事館等，並列於中國之下，等於公開宣告臺灣屬於中國。五月三十一日我質詢外交部長，也主動發函荷蘭駐臺辦事處要求更正。荷蘭駐臺代表胡浩德於五月三十一日親自函覆給我，三天後錯誤更正。這些事只要我知道了，我總是不厭其煩地要求處理，我們永不放棄。

●糾正美國政府機關誤列我國身分

繼美國國稅局的「肥咖表格」將臺灣列爲中國一省，我在二〇一四年五月二十六日接獲網友陳報：美國環保署「能源之星」（Energy Star）節能認證管理界面，也將臺灣列爲中國一省。我在當天二十六日下午五點緊急行文外交部，請外交部立即要求美方更正；而我的辦公室亦同步於當日四點五十分在美國環保署網站留言指出此錯誤，並說明美國政府從未以中國一省稱呼臺灣。

結果五月二十七日晚上十一點四十分，美國「能源之星」網站管理人員函覆我，已更正網站錯誤，並答謝指正。五月二十八日早上，我詢問外交部交涉進展，外交部卻答說已轉交北美司，循外交途徑交涉中。我告訴他們，經過我的舉報，美國環保署過了短短三十小時五十分，就還回「Taiwan」的獨立性，給臺灣一個公道。我一天半就解決主權問題了，外交部還渾然不覺，這種效率不彰、行動遲頓的背後，其實是公務機關「辦公不辦事」慣性使然。

由於中國因素，打壓臺灣的事情在國際上層出不窮，但最嚴重的莫過於參加世界衛生組織大會WHA時，我國所受到的待遇。

二〇〇四年在陳水扁總統時代，我國以「臺灣衛生當局」名義申請加入世界衛生組織的「觀察員」席次，雖然並未成功，但美國及日本首度公開投票支持，這個動作，可以代表我們長期努力後，已經獲得的可觀成果，不料，卻也因此引起中國加速對我們的封鎖。二〇〇五年在國共合作下，世界衛生組織秘書處與中國秘密簽訂所謂的「諒解備忘錄」（ＭＯＵ）。該密約的內容要點大概如下：

一、尊重世衛第二十五．一號決議，強調中國在世衛的代表權，祕書處須避免可能導致臺灣當局宣稱不屬於中國的行為。

二、世衛單位如收到來自臺北的公文，不管內容是否與臺灣有關，都須立即轉交世衛單位的聯絡單位，不對訊息發送者做出任何回應。

三、當世衛各單位收到從「中國臺灣省」官方來源任何聯絡單位的文件和訊息，須立即向世衛聯絡單位報告，如有必要讓這些訊息在世衛出版品和文件上出現，須先獲得許可。

四、所有世衛文件，無論印刷或電子版本，都須使用「中國臺灣省」，所有關於臺灣省的訊息資料，都須歸在中國之下，且不得視其為另外的國家。

五、被問到關於此協議的回應原則，以世衛二十五．一號決議為基礎：臺灣作為中國的一省，從來不是世界衛生條例的一員。

這些規定鉅細靡遺，簡而言之，其就是以中國爲臺灣的「宗主國模式」，將臺灣列爲中國的一省，要求世衛組織，我國要參加世界衛生組織的所有活動，都必須先經中國的同意。臺灣在WHO，被以一個密約，剝奪了我們的主權，賣給了中國。這件事，在國內輿論界從來沒有被揭露過。

●揭發WHO內部密件

到了二〇〇七年我國再以「臺灣」名義申請加入世界衛生組織的「會員國」席次也未成功。連二〇〇七年世衛爲防止國際間疾病散播，實施《國際衛生條例》（IHR），我國也曾表達加入意願但未獲正面響應。二〇〇九年一月十三日，我國衛生署接獲世衛來函，將我國以「臺北聯絡點」（contact point in Taipei）的名義加入《國際衛生條例》（IHR），在被納入這個全球防疫體系後，我國一旦發生重大公衛事件或疫情，可直接與世衛組織聯繫，我國代表也可以出席世衛組織的緊急防治會議，這看起來是很大的突破，但我陸續發現在ＷＨＯ的官方網站上，臺灣的各項資訊，全都列在中國之下，不僅在地圖上中國的範圍包括臺灣，高雄等港口也列在中國之下，二〇〇三年臺灣發生ＳＡＲＳ事件，也列在中國的選項下。

終於，背後的密約在二〇〇九年被我揭露了。世界衛生組織幹事長陳馮富珍女士，二〇〇九年四月二十八日致函我國衛生署署長葉金川博士以「中華臺北」的名義及「觀察員」的身分，出席五月十八日至二十七日在日內瓦召開的第六十二屆「世界衛生大會」。其實我在四月十一日就曾質疑，國共合作讓中國與世界衛生組織，秘密簽訂諒解備忘錄（ＭＯＵ），確立臺灣參與世界衛生大會（ＷＨＡ）的「宗主國模式」。世界衛生組織ＷＨＯ仍認爲臺灣是中華人民共和國一部分，若臺灣再度以觀察員身分出席ＷＨＡ，恐怕將成爲新的「世衛模式」，比「奧會模式」更差，淪爲中國的附庸，對臺灣爭取參與國際組織非常不利，應拒絕參加。但是，我第一次的呼喚沒有引起任何漣漪。

直到二〇一一年五月，我經由國際友人的協助，取得了ＷＨＯ內部的密件，「二〇〇五諒解備忘錄」設定的「宗主國模式」，終於暴露無遺，真相大白，證明了我二〇〇九年大聲疾呼，內容全部是眞的。

原來世界衛生組織曾於二〇一〇年九月十四日，根據這個密約，對所有會員發出所謂的「世衛條例對中國臺灣省之執行作業準則」秘密信函，將臺灣定位爲「中國的一省」。由於國際組織的友人的協助，我獲得此一世衛內部秘密文件的全文。二〇一一年五月九日我將此一密件全文披露，不但證實世衛與中國在二〇〇五年已簽訂備忘錄，更證實世衛秘書長陳馮富珍辦公室在二〇一〇年九月對世衛所有會員發出「世衛條例對中國臺灣省之執行作業準則」秘密信函，都把臺灣定位爲「中國的一省」！

這份世界衛生組織ＷＨＯ給會員下載的文件中，臺灣被放在西太平洋區域裡面，在「中國香港」「中國澳門」行政區之後，文件上寫著，『中國，臺灣：不要用「臺灣」』；還說：這個地區於聯合國系統內被認爲是中國的一省，於北京政府的管轄下。一般而言，若要提及它，需稱爲『臺灣，中國』；並且解釋：有關『中華臺北』的表現方式，只限於此實體被邀請爲世界衛生大會（ＷＨＡ）觀察員時，用於出席者名單、會議紀錄及類似資料而已。如果此一地區的資料要有別於中國相關的資料呈現於表格或清單，此資料要僅列於中國相關資料之後。建議於提及此地區資訊或有關列於世衛組織的資料及網路資料之前，要與世衛（ＷＨＯ）的法律部門（ＬＥＧ）討論。

●抗議參與WHA的宗主國模式

這份文件包括附件在內有五頁，是由世衛秘書長陳馮富珍辦公室主任Anne Marie Worning發出，發放對象是各國世衛代表，內容要求以密件看待、不得洩漏。信函的內容，其實就是把前述「諒解備忘錄的內容」化為「世衛條例對中國臺灣省之執行作業準則」。此一作業準則內容幾乎與諒解備忘錄一模一樣。此作業準則指出，「根據世界衛生條例，世衛秘書處可以與臺北當局進行直接溝通，但這樣的溝通只能存在與世衛秘書處內部的聯絡點與臺灣省之間的聯絡點之間。」「任何世衛單位如果收到來自臺北的公文訊息，不管其內容是否與臺灣有關，都必須立刻將其轉交世衛秘書處的聯絡點，絕對不可對訊息發送者做任何回應。」

作業準則還規定：「當世衛各單位收到從中國臺灣省官方來源或聯絡點的任何文件或訊息時必須立刻向世衛聯絡點報告，如果有必要讓這些訊息在世衛出版品或文件上出現必須事先獲得許可。許可的程序包含與中國代表團之間的協調。」作業準則並指出：「所有世衛文件，無論是印刷或電子版本，都必須使用中國臺灣省。所有關於臺灣省的訊息資料都必須歸類在中國之下，並且不得視其為另外的國家。實際執行時必須視文件的內容與格式而訂，有任何問題請事先聯絡法務室」。有關「中華臺北」的表現方式，只限於此實體被邀請爲世界衛生大會（WHA）觀察員時用於出席者名單、會議紀錄及類似資料而已。

用我的說法：CHINESE TAIPEI只是參加世衛大會「那幾天的代碼」而已。原來，我們名稱看起來和奧會等其他國際組織一樣叫CHINESE TAIPEI，地位卻完全矮一截。我們在其他亞銀、APEC、WTO完全沒有被當作中國臺灣省。

那一天，我在立法院拿著鳥籠提出質詢說，這個模式把臺灣關進鳥籠，國際組織將看著臺灣羊入虎口、飛蛾撲火，我把信漏出來，要求邱文達不該參加WHA，不然也要在會議桌上，把「抗議中」的牌子和「Chinese Taipei」名牌放一起。我認爲，馬英九應該做的，是對世衛嚴正抗議、中斷出席，只要臺灣採取此一策略，一定會有友邦聲援並留下紀錄，爲談判重新打開新的局面。

●沒有任何聯合國機構有權片面決定臺灣地位

我揭發這密件後，在國內引起很大的政治風暴。輿論強烈反彈，我也要求代表團團長邱文達要在會中表示抗議，行前，邱文達有把他要遞送的信函給我看，在WHA中邱文達與我國世衛大會WHA代表團成員，並積極向美國等各與會國爭取聲援臺灣；於是美國衛生部長塞比留斯（Kathleen Sebelius）在二〇一一年五月十七日記者會聲援我們，他強調：「沒有任何聯合國機構有權片面決定臺灣地位」。

二〇一一年我揭發這件事，讓我們在世衛大會表達對「世衛模式」的反對，保護了國家的主權。然而這個問題從那時起，爭議幾乎年年發生。二〇一六年蔡英文當選總統，五二〇就職前，就面臨我國參加WHA的問題。結果世界衛生組織幹事長陳馮富珍五月六日致函衛生福利部長蔣丙煌，邀請臺灣以中華臺北（Chinese Taipei）、觀察員的身分，參加第六十九屆世界衛生大會。邀請函中特別說明，這是依照聯合國大會2758號決議和世界衛生大會二十五．一號決議中所反映的「一個中國原則」。這是臺灣自二〇〇九年開始參加WHA，七年來首次收到邀請函上明白寫著「一中原則」及聯合國二七五八號決議。而臺灣媒體也發現，此次邀請函中未附上「帳號密碼」，無法透過網路處理報名事宜，疑遭技術性刁難。自二〇一一年我揭露密件至今，被WHO當作中國臺灣省的問題，至今仍無法解決。

二〇一二年十二月二十六日我質詢駐美代表金溥聰時，提醒金溥聰在爭取美國協助臺灣參與國際組織的時候，應該維持國格。我提醒金溥聰，在我國目前所參與的四大國際組織中，都是以「互不隸屬、平等會員」之原則參與。我國參與國際奧林匹克委員會、亞太經濟合作會議（APEC）、世界貿易組織（WTO）、亞洲開發銀行（Asian Development Bank，簡稱ADB）都是以「奧會模式」爲參與的模式。容或這些國際組織對於臺灣參與的名稱有所不同，基本上臺灣也受到矮化的不平等待遇，但都是與中國維持互不隸屬的關係。

我們都知道，只要我們想參加國際組織，一定都會遇上這些鋪天蓋地的「一中原則」問題。但是，自己的國家自己救，我始終認爲，也堅持，兩千三百萬人的價值應被看到與肯定。我們沒有無邊無際的悲哀權利，我們只能有永遠不能放棄的努力。我很願意在此重申，我們永遠不能放棄的希望。我們要讓我們的下一代因我們的努力而驕傲，我們要讓臺灣成爲一個因人民幸福而偉大的國家。

第八章

愛戀高雄

小時候大統百貨公司頂樓的白雪公主，蜜月旅行驚豔的蓮池潭與澄清湖，還有姑媽與姨媽晚年的天倫之樂，我的愛戀高雄，有兒時回憶，有愛情的甜蜜，也有親情的牽絆，更多的，當然是十八年來我念茲在茲的斯土斯民，鄉親們的喜怒哀樂。

●十八年前的夢想仍未實現

雖然十八年不算長，但是這十八年是我人生的精華，我的生命，眞正發光發熱就是在高雄這十八年，高雄養我育我十八年，我的人生已經融入了高雄，這十八年，我和高雄一起蛻變，高雄改變有多大，我的成長就有多大。

但是，十八年前，我對高雄的夢想，至今仍未完全實現。

擔任新聞處長的時候，我的工作必須全盤了解各局處的業務與成就，才能發展出可以拿出來和市民分享的城市願景，讓市民也編織城市的夢想，參與意見或分享光榮。

我因此在上任不久，就向謝長廷市長建議要設立「圓桌會議」的機制，請市長授權副市長林永堅來召集，至少每週一次，主要的局處首長，我們會在副市長室廣泛的交換意見，當時包括工務局長吳孟德及後來的林欽榮、副秘書長姚文智、建設局長李文良、捷運局長周禮良、研考會主委洪富峰、社會局長蘇麗瓊、教育局長曾憲政、財政局長林向愷、環保局長張豐藤等等。我們密集的會議、交流、激盪，形成一個有力量的團隊。我也因此迅速掌握團隊的核心價值。

從那時候開始，我對「海洋首都」的意涵充分了解，「高雄是臺灣的唯一，不是第二個臺北」「高雄是臺灣最具成爲國際海空雙港城市的明日之星」，我們要成爲「國際觀光港市」，這些思考，深入我心，我甚至感到心急，深信迎接後高鐵時代，高雄必須做好準備，我們要成爲「宜居城市」，以便築巢引鳳，發展產業與觀光。否則，將在後高鐵時代被邊緣化。

這些夢想，到陳菊市長時代，都沒有被放棄，主要的設施，仍然朝向這些路線在發展。一轉眼，如果從謝長廷市長一九九八年十二月二十五日就職算起，第十九年了，十九年，要實現一個夢想，本來充分足夠了，但是，我們其中一個最大的夢想：發展高雄成爲「國際海空雙港」來促成其他所有目標，眞正實踐「海洋首都」，這部份，我們最需要的共識無法形成，用「海空雙港」來帶動人流、金流、知識流、促進產業發展的夢想，一直無法實現。

●海洋首都，海空雙港

全球十大海空雙港城市，共同的發展路線，都具有四大基礎產業的架構。就是一、國際觀光產業。二、先進科技產業。三、傳統產業加值化，以及四、自由經貿。尤其是空港的布局，如果是以國際航運的中點站，也就是大量布局洲際航線，成為轉運中心，那麼四大產業的發展將水到渠成。以台積電為例，為什麼它的布局始於竹科再到中科，而後南科，最後才可能考慮路科？其中一個因素，也應該是高科技產業與時間賽跑的本質使然，運輸時間和成本，仍然是選定廠址的重大要項。

臺灣有沒有布局成為國際空運航道的中點站，而成為轉運中心？高雄地處太平洋海運航線的中心點，國家有沒有看到高雄發展為海空雙港的潛力與優勢？兩個答案都是否定的。

臺灣的空運，屬於四小時以內的區域航線占了八十一．八％而且逐年上升，而洲際航線只占十八．二％，不到二十％，整個臺灣，並沒有在國際航運扮演中點站的角色，而只是成為一個小區域中的終點站，角色十分邊陲。

空港被區域航線占滿的飽和，亟需分流，最好的選擇就是建設高雄成為海空雙港，但是多年來，國家無法形成這個共識。兩個蔣總統以來對高雄的定位，至今沒有結構性的改變。

高雄在臺灣經濟發展初期，就被規畫布設爲做「貨」生意的基地，如石化、鋼鐵、貨櫃…等重化產業製造和運輸，且又超量耗用廉價環境資源致生目前的後遺症；但反觀做「人」生意如「人流、金流和優質科技業」等設施，又大部分被布設於北部，形成高雄人反感至極的「重北輕南」格局；並造成高雄陷入「重貨輕人」的發展模式。

中央爲達成做「貨」生意的大量貨物順利進出，就大爲擴張高雄港成爲世界超級貨櫃港，而使貨櫃運量曾登上世界第三名，目前亦連續三年超過千萬TEU。這同時，貨櫃車、油罐車、拖板車、大貨車等在高雄到處可見之頻率和密度，舉世無雙。

反觀能帶動和發展高雄做「人」生意的空港即國際機場，卻被限縮停滯於日治時代之區位範圍大小，致小港機場太小功能不彰，又反被誤導成無市場需求；且不僅高雄甚至四十公里外的臺南亦不例外，造成高雄和南部地區被迫每年需經「北進北出」者粗估不下千餘萬人次，而使競爭力全面弱化和惡化。

無論是高雄要翻轉這種弱勢，發揮眞正的高雄價值，或臺灣要布局更寬廣的國際角色，臺灣把高雄設定爲國際海空雙港都是最佳的選擇。謝長廷市長在二〇〇〇年即針對高鐵通車後，小港機場運量大量流失的衝擊，研擬高雄海空聯運，提出雙港計畫。二〇〇三年，高高屏三首長謝長廷、楊秋興、蘇嘉全即曾經共同出面大聲疾呼爭取這個計畫。

但是那一年，南部國際機場的議題，被導向臺南縣與高雄的縣市之爭，引發中央的困擾，議題被炒熱，卻又胎死腹中。

●產業輔導和城市招商辦公室

高雄要發揮她的價值，成爲海空雙港的夢想，我從未放棄。迎接新南向政策的時代，更增加我們的理由。捨近求遠的「北進—北出」，讓「南臺灣」和「新南向」目前的雙向往來，虛增了來回一千兩百公里的時間和成本。我們有理由於此時機，再重新檢視中央忽視在高雄布局南部國際機場的慣性謬誤。

我對高雄有很多夢想，透過這將近一年來在大高雄地區走透透的過程，我和各地的鄉親、社團分享很多我的夢想與願景，我和新創產業的年輕創業者一起討論，未來有機會主持市政時，我會成立辦公室，組成最優秀的產業輔導團隊和城市招商團隊，我也將全力協助中央修改公司法，來開闢新創產業的發展空間；我在高雄東九區和大樹這「9＋1」好山好水的行政區探訪時，除了細數我在美濃、六龜、寶來、茂林、多納、旗山等各區爭取到的建設之外，也提出「9＋1東高雄綠色觀光慢活圈」的概念，和大家分享一個推動綠色能源民主化，獎勵莊園經濟，倡導無毒家園，來扶植「合作農業共享經濟」的新農業，未來希望發展更多措施，來吸引年輕人投入這樣的新農業。

其他如獎勵微型都更、亞洲文創矽谷、再造傳統商圈、青年科技城、銀髮樂活、在地安老等等，都在我深入社區時，和大家分享、溝通。我珍惜這一趟又一趟的行走，我也像海綿一樣，快速而大量認識，吸收來自土地與基層的回饋，我將在適當的時機，提出完整的政策願景來接受一個公開的、參與式的討論。我的這些願景，不只是為了高雄，也是為了臺灣。我在此，先與大家分享四大願景：「綠能民主化與循環經濟」「9＋1東高雄綠色觀光慢活圈」「亞洲文創新矽谷」與「高雄市爭取二〇三〇亞運會主辦城市」。

其中我主張高雄市應該申辦二〇三〇年的亞運，我認為它需要非常廣大的共識，所以越早讓更多人討論，越早公開接受公民審議越好。

●綠能民主化與循環經濟

我認爲高雄市的產業、觀光、空汙等等，是一般市民最在乎的問題。高雄市下一階段的治理應該回應市民，讓「市民有感」。空汙問題已是市民日漸關注的問題。愛戀高雄，除了石化工業轉型提升與循環經濟，交通推動獎勵綠能車輛外，我認爲在民生需求方面，高雄應該發展綠能民主，在我主導修正的電業法中，已經將這扇門打開。我們在推動非核家園的同時，我們要貢獻什麼努力來實踐非核家園的理念？我主張在「非核家園」、「環境保育」以及「在地產業」的三大目標下，「能源民主化」可兼容並蓄地融合多元價值，爲在地居民及綠能產業，找出新的共識與出路。草根化、民主化、社區化及生活化的再生能源，尤其是太陽能光電，也就是讓分散型太陽光電可以滲透到各個農、漁村聚落，入家入戶往下扎根，建立智慧型的直流電微電網，達到社區用電自給自足，進而獲利的目標。

二〇一七年二月二十四日立法院召開「地面型太陽光電與地方永續發展座談會」，我爲綠能產業如何與地方共存共榮提出方案。我說，今年二月新南向之行，我看到印度農民在田間太陽能板旁自然農作的景象，這種小型的、社區的、普遍參與的綠能產業，與我長期主張「能源民主化」的觀念不謀而合，發展綠能也兼顧生態保育、農漁業發展、尊重在地文化和居民的生活方式。三月十三日我也在立法院向經濟部長質詢，爲達成二〇二五年再生能源太陽光電總裝置容量二十GW的目標，我要求中央政府部門不僅在屋頂型太陽能計畫案，要加速進行外，也應在地面型太陽能計畫中，研擬發展個人化、小型或「可攜式」光電板的民主化能源輔導計畫。我也要求經濟部將太陽光電推展工作，以公開季報的方式提供各界追蹤檢驗。

英國《經濟學人》報導過的全球著名之再生能源村「維爾德波爾茨里德」（Wildpoldsried），那是在德國巴伐利亞一個人口不到三千人的城鎮，這個城鎮強調社區參與，在推動風力、陽光與生質能源方面，領先全德國，不但可以百分之百全部利用綠色能源，而且可以產出多達五至七倍所需的能源，因此可以賣出多餘的能源而讓村民分享獲利。這個城鎮實踐綠能的方法，即是我所說的草根化、民主化、社區化及生活化的綠色能源。我在二〇一七年四月邀請他們推動綠色能源的靈魂人物，已擔任副市長二十年的Günter Mōgele先生來訪，並舉辦「Agenda二〇二五綠能新市力．社區綠能營造與城市治理研討會」，討論臺灣綠能民主化的未來。

我認爲像高雄美濃區的社區與聚落，特別適合推廣我所說的「草根化、民主化、社區化及生活化」的綠能政策，因此我特別邀約Günter Mögele先生也到美濃與旗美社區大學的朋友們，舉辦「美濃發展綠色能源的願景」研討會，分享他們的經驗。我認為我們有很多農村社區都適合推廣Wildpoldsried的模式，來實踐非核家園的理念，我認為這也是民進黨新政府新經濟，應該展現的一種推動「綠能產業」「循環經濟」的決心。

● 9＋1東高雄綠色觀光慢活圈

綠能產業除了落實綠能民主化外，我也主張活化在地經濟，投資綠色觀光產業，特別是要讓高雄市東九區旗山、美濃、內門、茂林、甲仙、杉林、六龜、桃源、那瑪夏，再加上大樹區，我稱為「9＋1」的地區，以美麗的山林與流水，成為綠色的「9＋1東高雄綠色觀光慢活圈」，擴大建設東高雄大外圍交通網，連結臺南與屏東的快速交通道路，暢通「9＋1」的聯外交通，以減少耗能。推動綠色能源民主化，獎勵莊園經濟，倡導無毒家園，推動綠色農業觀光、文化觀光與生態旅遊，來扶助「合作農業共享經濟」的新農業。

●亞洲文創新矽谷

過去我曾發表過，以「高雄港歷史風貌保存區」爲基礎，推動「乾淨產業」與「美麗志業」來創造港都輕慢步風情。全力發展文創產業，讓這區域輻射成爲一個「亞洲文創新矽谷」，成爲國際觀光的亮點，如同韓國首爾的仁寺洞，有許多在地的文創產業，文創商品、生活商品，加上餐飲，是一個現代化完整的文創基地，成爲一個文創與國際觀光的亮點。我主張的「亞洲文創新矽谷」是以哈瑪星的舊打狗驛爲中心，向外輻射的亞洲文創新矽谷，連結亞洲新灣區，形成一體，規畫輻射的範圍至少包含：

一、再造歷史現場：打狗驛站前廣場與哈瑪星、旗津街區。其中的地標有：（一）打狗驛站前廣場：舊三和銀行、進出口商業公會舊大樓（貿易商大樓）、山形屋。（二）新濱町舊街區。（三）哈瑪星街區：永光行（原高雄郡役所）、王石定舊宅、原婦女愛國會館、武德殿。（四）哨船頭：雄鎮北門砲臺、西子灣海灘及西子灣地下隧道群。

（五）旗津：天后宮、旗津老街區、威震天南砲臺及海四廠技工宿舍的中山大學社會創新基地。

二、歷史商街再現：鼓山一路上高雄的第一條商店街「山下町通」，五福四路上高雄的第一座百貨商場「銀座百貨商場」，與「七賢路美軍第七艦隊歷史商圈」周邊。讓這些街區與駁二藝術特區、堀江町結合，再現鹽埕商業文創風華。

三、現代門戶開港：連結亞洲新灣區，結合高雄港十一—十五號碼頭即光榮碼頭與眞愛碼頭的高雄港埠旅運中心、海洋文化及流行音樂中心，與高雄軟體科技園區、科技產業體感園區。

這些區塊成爲一個結合港都歷史、文化創意、流行藝術與音樂，及VR、MR、AR體感園區的廊帶。其中科技產業體感園區及其他各種數位內容的研發，也必須建置物聯網、雲端與大數據所需的先進傳輸系統與資通電傳設備，讓園區內的文創產業實力能更加發揮，成爲高雄一顆閃亮的產業明星。在這區域內，有大小型室內表演場館、流行音樂展示館、海洋文化展覽中心、渡輪碼頭、腳踏車道、輕軌、歷史街區和文創聚落與市集，也就是將我所主張的「高雄港歷史風貌保存」與亞洲新灣區結合，形成一個我稱之爲「亞洲文創新矽谷」，成爲一個文創與國際觀光的新聚落，也成爲一個高雄文化創意產業展現的大舞臺。

●高雄市爭取二〇三〇亞運會主辦城市

亞運會是規模僅次於奧運會的全球運動賽會，亞洲奧林匹克理事會原本於二〇〇九年時決議，將亞運會的舉辦時間推後一年，即從二〇一九年起，亞運將變成是在奧運會的前一年舉行，而不是原先固定在奧運前兩年。這種安排，主要是因爲自二〇一〇年起，每四年會舉辦一次的夏季青年奧林匹克運動會，與原來的冬季奧運、世界盃足球賽，都與亞運會在同一年份舉辦而有諸多的衝突。二〇一九年的第十八屆亞洲運動會原本的主辦城市爲越南河內市，後因財政拮据而放棄主辦。二〇一四年亞奧理事會重新宣布，由印尼獲得第十八屆賽事的主辦權。但爲了避開印尼總統選舉，賽事也恢復到二〇一八年舉辦，而不是原計畫中的二〇一九年。因此第十八屆亞運會將於二〇一八年八月十八日至九月二日在印尼首都雅加達舉行，巨港市和萬隆市將扮演協辦城市的角色。

二〇一五年亞奧理事會在土庫曼舉行，選出唯一候選城市中國杭州承辦二〇二二年第十九屆的亞運，這也是繼一九九〇年北京、二〇一〇年廣州後，中國第三度主辦亞運。二〇一六年九月亞奧理事會，選出唯一候選城市日本名古屋市為二〇二六年第二十屆亞運會的主辦城市，這亦為日本繼一九五八年東京、一九九四年廣島後，第三度主辦亞運。將於二〇三〇年舉行的第二十一屆亞洲運動會，至少應於二〇二二年之前，也就是舉辦年之八年前決定，目前尚未決定主辦城市。

高雄市曾與臺南市合作爭取主辦二〇〇七世界大學運動會（Universiade）。雖未成功但高雄市再接再厲，爭取二〇〇九年世界運動會，最後成功了！再接著臺北市爭取二〇一七年世界大學運動會也成功了。作為二〇〇九年世界運動會爭辦成功團隊的一員，我深知爭取此種大型國際賽事需要的準備工作，我個人判斷，在辦過世界運動會與世界大學運動會之後，臺灣要辦亞運會的機會應該會越來越大，因此高雄市爭取主辦亞運會的時候到了！

重大的體育賽事也是一個城市很重要的「全面行銷」。根據國立中山大學公共事務管理研究所吳濟華教授等的研究，二〇〇九年高雄市舉辦世界運動會，對於高雄市城市形象提升、市民光榮感凝聚力提高、市容景觀改善、逐漸邁向國際化、城市生活品質提高，皆有顯著性的提升，也讓高雄市民在賽會期間，對未來再舉辦大型國際運動賽會期待度，有高達八十九．六％持正面態度。因此我主張高雄市再接再厲，利用已經建設的場館建築優勢，積極爭取舉辦二〇三〇年的第二十一屆亞運會。

● Shining Again, Kaohsiung! 高雄再度閃耀！

過去主辦過亞運的城市如印度新德里、中國北京、杭州、菲律賓馬尼拉、日本東京、廣島、印尼雅加達、泰國曼谷、伊朗德黑蘭、韓國首爾、釜山、仁川等等，都是亞洲知名的城市，如果高雄市能舉辦二〇三〇亞運會，自然就同樣擠身於這些亞洲的領導城市之中，對高雄市的國際能見度與知名度，自然是可以大幅提升，也間接地能爲高雄市帶來旅遊觀光與商務投資的利益。更重要的是高雄市也能藉此一機會，設定二〇三〇年爲高雄市擠身國際港都目標年，大舉提升高雄市的都市建設，讓高雄市進化成一個智慧綠能的先進文化城市。

二〇三〇年距離現在還有十三年，讓高雄市來準備，時間是綽綽有餘，當然我們也不排除與臺南市、屏東縣一起來爭取主辦。我也呼籲中央支持高雄市來爭取主辦二〇三〇年亞運會，爭取主辦亞運會，不但是呼籲世界和平的最好行動，也是世界各國人民友好交流的最佳儀式，我們絕不怕任何困難與阻礙，我們需要上下一致奮發的決心。

高雄原名打狗，荷蘭人時代原是一個小漁村，清同治三年，一八六四年正式成立打狗海關，打狗港正式開港。日本時代一九二〇年設高雄郡，一九二四年正式成立高雄市，一九七九年七月一日，高雄縣小港鄉併入高雄市，改制為直轄市。二〇一〇年十二月二十五日，高雄市與高雄縣合併成為一個幅員廣闊、型態多元的新直轄市。

高雄市這一百多年來，從小漁村變成國際大海港，可說歷經了一變再變的發展歷程，而從謝長廷當選市長，再經陳菊市長十多年的主政以來，高雄市才真正蛻變成為一個美麗的現代大都會，回想起從美麗島事件之後，到政黨輪替，思維的革命，都市的改造，真可說是篳路藍縷，以啟山林，每一個進步都可說是得來不易。但是只有自己超越自己，才能繼續向前。面臨中國崛起，國際競爭，產業外移，人口成長不易，高雄市的下一個階段，下一個境界，如何布局，如何發展，都是高雄不能不面對的挑戰。然而每當我們回想到二〇〇九世界運動會舉辦時，看到每個高雄人臉上的驕傲感與滿足感的那一刻，我衷心期盼，我們用爭取二〇三〇亞洲運動會的視野，導引高雄市邁向另一個新境界的高峰，高雄市一定要再度脫胎換骨，以全新亮麗的進步面貌，在國際上再度閃耀起來，Shining Again, Kaohsiung!

國家圖書館出版品預行編目資料

爸爸的吉他：管碧玲的初衷／管碧玲 著.
-- 初版 -- 臺北市：圓神，2017.06
276面；14.8×20.8 公分 --（圓神文叢；211）

ISBN 978-986-133-609-1（平裝）

078 106000123

Eurasian Publishing Group
圓神出版事業機構
用心與你對話・網野無限寬廣
圓神出版社
Eurasian Press

www.booklife.com.tw reader@mail.eurasian.com.tw

圓神文叢 211

爸爸的吉他：管碧玲的初衷

作　　者／管碧玲
文字協力／彭蕙珍
發 行 人／簡志忠
出 版 者／圓神出版社有限公司
地　　址／台北市南京東路四段50號6樓之1
電　　話／（02）2579-6600・2579-8800・2570-3939
傳　　真／（02）2579-0338・2577-3220・2570-3636
總 編 輯／陳秋月
主　　編／吳靜怡
專案企畫／賴真真
責任編輯／吳靜怡
美術編輯／潘大智
行銷企畫／陳姵蒨・詹怡慧
印務統籌／劉鳳剛・高榮祥
監　　印／高榮祥
排　　版／杜易蓉
經 銷 商／叩應股份有限公司
郵撥帳號／ 18707239
法律顧問／圓神出版事業機構法律顧問　蕭雄淋律師
印　　刷／祥峯印刷廠
2017年6月　初版

定價 370 元　ISBN 978-986-133-609-1

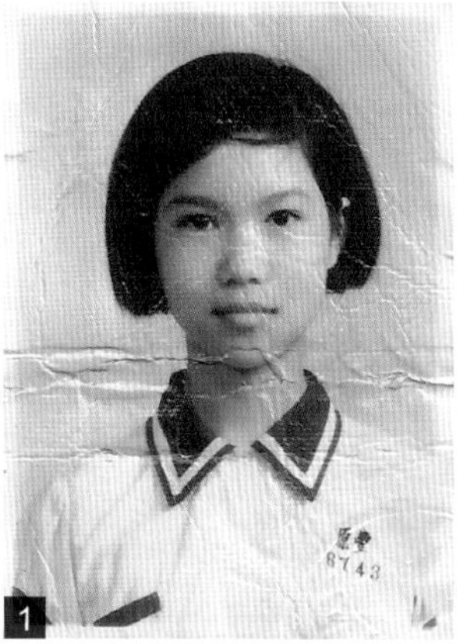

1. 豐原國小畢業照。
2. 國中一年級當選模範生紀念。
3. 臺中女中畢業照。

6

4

5

4. 臺大校園博士照。
5. 在哈佛大學進修。
6. 婚紗照。
7. 結婚三十週年紀念。
8. 與女兒在故宮博物院前留影，轉眼女兒都已成家了。
9. 工作時的管媽。
10.蜜月旅行在高雄鳥松大貝湖九曲橋留影 。

9

8

7

10

11. 就讀豐原國小時參加臺中縣全縣國語文競賽，得到「口若懸河」錦旗。
12. 一九七四年臺中各界慶祝青年節大會，代表宣讀大會宣言。

13.臺中女中第二十九屆畢業典禮，管碧玲代表畢業生致答詞。
14.民進黨創黨之初在臺南永康鄉黨部成立大會演講，臺前為兩個女兒在看媽媽演講。
15.反刑法一百條白色恐怖遊行，在指揮車上演講。

16.黃信介主席時，民進黨財務拮据，在臺北市街頭為民進黨募款。
17.一九九六年受邀訪美，參訪聖地牙哥共和黨全國代表大會。
18.一九九六年受邀訪美，拜訪美國婦女選民聯盟。

20

19

21

19.一九九九年總統選舉，擔任陳水扁的知識臺灣助選團副團長。
20.許陽明與諾貝爾獎得主東帝汶前總統 Jasé Ramos-Horta。
21.訪問「美國國家民權紀念館」，圖掛花圈處為金恩博士遇害處。

22

23

22.高雄市向跨世紀 Say Yes，我也對高雄市 Say Yes，高雄我來了！
23.二○○二年金馬獎首度離開臺北，到高雄舉辦。

24.推出「愛河咖啡戀」構想，讓民眾到愛河喝咖啡，推動愛河休閒產業。
25.文化局長任內修復打狗英國領事館官邸。

26.與冠軍籃球隊三民家商隊合影。
27.邀請黃梅調一代巨星凌波到高雄愛河邊演出。
28.為彰顯古蹟的文化意涵，將武德殿修復成為熱愛劍道人士練劍的場所。

29.打造兒童圖書館。

30.擔任新聞處長及文化局長時爭取的建設流行音樂中心，動土典禮。

31.創辦高雄電影節。

32.催生熱帶醫學研究中心。

33.向媒體人陳雅琳介紹成功大學力行校區，前日軍臺南衛戍病院的建築。

34.舉辦旗津國際啤酒節。

35.陳總統與謝市長共同參與高雄火車站遷移儀式。

36.在管媽要求下，文化部召開臺北機廠保存與再發展公聽會。

37.在文化局長任內指定三塊厝火車站為古蹟，擔任立委後便爭取經費修復。
38.展開全國燈塔總調查，攝於鼻頭角燈塔。
39.守護臺灣的光：二〇一三全國燈塔最新調查展覽之音樂下午茶。

40.督促雄鎮北門砲臺整頓成為歷史公園。
41.參訪大寮潮寮里吳家古厝延陵居。

42.參訪日本古川町的社區營造。
43.與岡山地區友人參訪彌陀吳壽公家族古厝。

44.領銜無線電視公股處理條例立法，處理公廣集團及黨政軍退出媒體三讀通過，是臺灣劃時代的進步。

45.參加反核遊行。

46.與田世藩中校的女兒女婿在黃埔新村巡守隊話家常。
47.鳳山新城汙水處理設備會勘，並解決汙水接管問題。

48

50

49

48. 協助爭取莫拉克颱風經費延長，南橫公路勤和段至復興段通車，與有榮焉。
49. 爭取經費打通楠梓與土庫地區的楠梓一之一號道路，開工典禮。
50. 爭取公廣集團在高雄設臺。

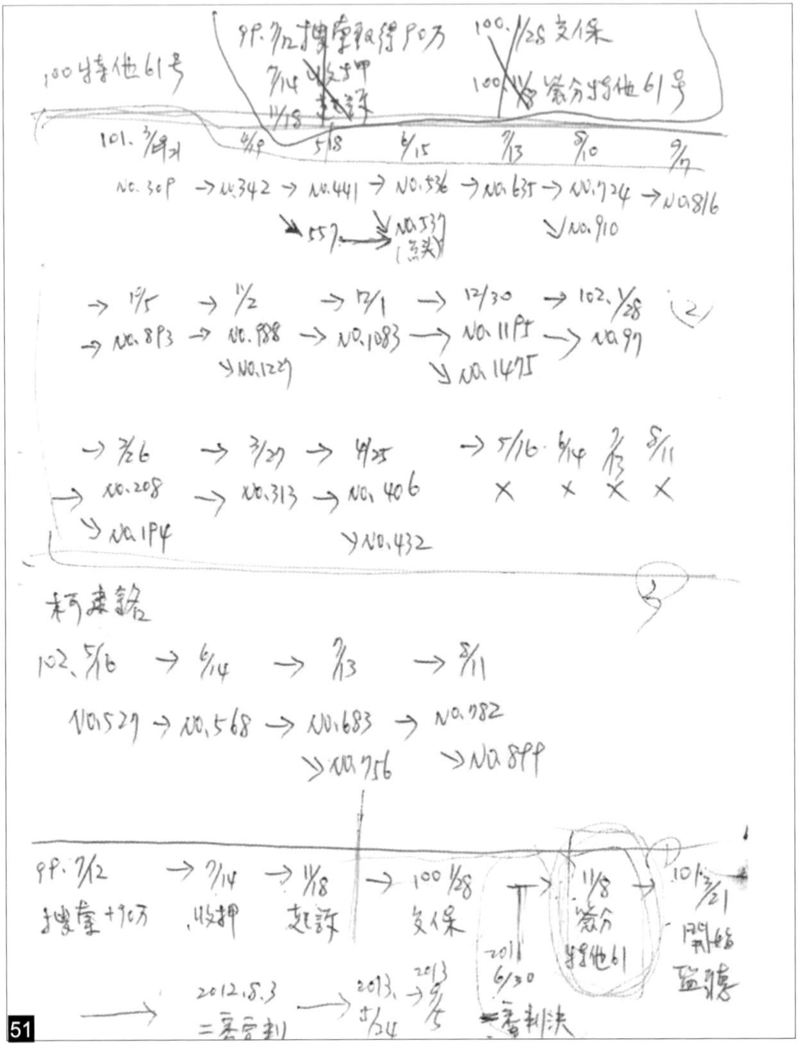

51

51.在高鐵上畫出「一○○年特他字六十一號」案所有監聽票案號的樹狀圖。這張圖變成歷史上第一次找到違法監聽的證據。

52

54

53

52.為喜愛調酒藝術的年輕人提供專屬練習場地，並為他們爭取經費出國參加比賽，榮獲調酒世界冠軍後，至總統府表演。
53.在茂林區勘查石板屋復育地點。
54.造訪大樹區鳳梨農家。

56

55

57

55.參訪彌陀養蝦農。
56.參訪蚵仔寮魚市場。
57.協助小朋友參加「澳洲雪梨二〇一五 FLL 機器人亞太公開賽」，榮獲機器人表現獎冠軍，陪同小朋友到市政府接受市長表揚。

58.與岡山地區國中小學家長會長們座談。
59.協調十八羅漢山開辦環境解說教育，終於成功。
60.與高雄市歷史上第一條商店街「山下町通」居民座談。

62

61

63

61.寶來、不老溫泉觀光振興座談，協助爭取經費，終於再度挖到溫泉。
62.電影圖書館空調等工程動土典禮。
63.除了爭取南臺灣唯一的國立大學社會系之外，也爭取旗津海四廠技工宿舍成為中山大學社會系的社會創新基地。

64.管碧玲觀光產業之友會成立大會。
65.陪同總統宴請尼加拉瓜大使達比亞與薩爾瓦多錢曾愛珠大使。
66.關心太陽花學運。

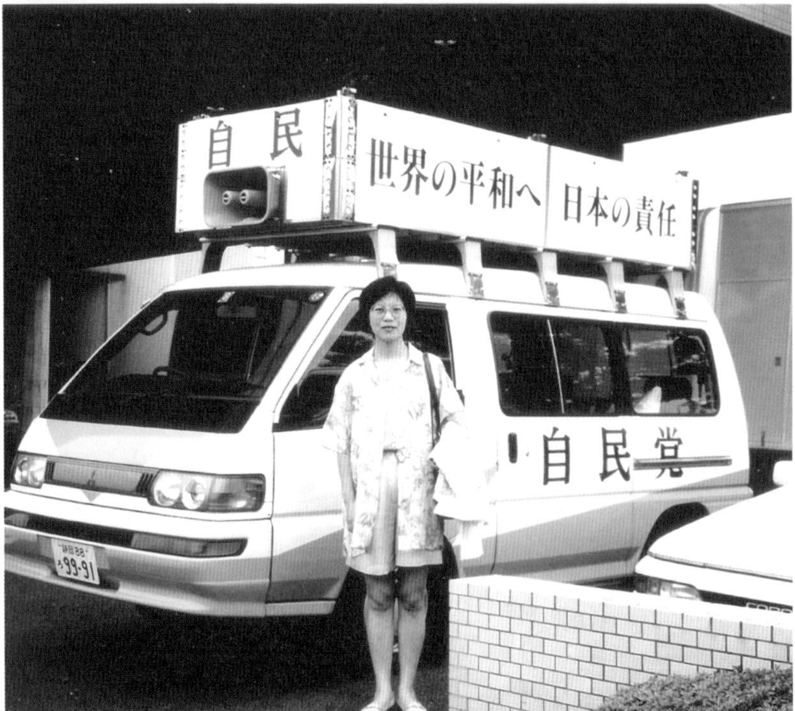

67.許陽明與荷蘭前總理范奈格。
68.接待英國上議院副議長福克納勛爵 Lord Faulkner 遊高雄港。
69.關心日本政情。

70.與日本東京都知事小池百合子。

71.拜訪印度執政黨「印度人民黨」中央黨部，圖中為健康及家庭福利部長 Shri Jagat Prakash Nadda, MP，圖右為印度人民黨現任秘書長 Ram Madhav。

72.訪問祕魯國會。

73.參加聯合國氣候變化綱要公約締約方第二十屆大會。

74.與安地諾議會議長夫婦晚宴。

75.在美國參加「為社會與經濟正義」大遊行。

76.農村綠能自主發展座談會：德國能源村與美濃經驗交流。
77.二〇二五綠能新市力：社區綠能營造與城市治理研討會。
78.打狗港開港一四〇週年慶祝活動。

79.在中山大學產發中心與學者專家及業者座談青年創新產業。
80.指南針青年創業座談茶會。
81.岡山地區青年科技城需要加碼投資。

82

84

83

82.二〇〇〇年美濃黃蝶谷祭，催生黃蝶翠谷生態公園。
83.二〇一六莫蘭蒂風災到高雄港區關心災情。
84.二〇〇六年爭取預算，要求整理二〇〇九年世運門戶左營舊城。

85.在岡山石潭地區與民衆話家常。

86.二〇一六年與林全院長視察莫蘭蒂風災。

87.於六龜關心風災農損。
88.左營店仔頂街蓮潭郭家百年古厝修復落成。

89.會勘日本時代的西子灣隧道群暨防空設施。
90.參加美濃龍肚鍾富郎派下文化促進會成立大會。
91.美濃永安聚落「下庄仔水橋」穿水橋活動。

92.管碧玲勞工之友會成立大會。
93.旗津「榕樹下講堂」開講。

94.陪同陳菊市長視察鼓山風災及慰問搶修人員。
95.高雄旗津臺灣歷代戰歿英靈紀念碑。
96.新時代電業法通過，綠能自由化先行。